I0823237

BESTSELLER

Pedro Baños es un referente nacional e internacional en el campo de la estrategia, el liderazgo y los mecanismos del poder y su influencia. Coronel del Ejército de Tierra y diplomado de Estado Mayor, en la actualidad en situación de reserva. Jefe de Contrainteligencia y Seguridad del Cuerpo de Ejército Europeo en Estrasburgo, ha participado en misiones en Bosnia y Herzegovina. Sus libros, *Así se domina el mundo*, *El dominio mundial* y *El dominio mental*, además de su participación en congresos, debates y programas de divulgación, le han convertido en uno de los principales expertos en estrategia nacional e internacional.

PEDRO BAÑOS

El poder

Un estratega lee a Maquiavelo

DEBOLS!LLO

Papel certificado por el Forest Stewardship Council®

Primera edición en esta colección: noviembre de 2025

Travessera de Gràcia, 47-49. 08021 Barcelona
Imagen de interior: © Everett Collection / Shutterstock (Nicolás Maquiavelo
en una escena imaginada por César Borgia, a quien consideraba un ejemplo del nuevo líder).
Diseño de la cubierta: Penguin Random House Grupo Editorial
basado en el diseño original de Rosamerón
Imagen de la cubierta: © Jan Butchofsky / Alamy / Album

Printed in Spain – Impreso en España

ISBN: 978-84-663-8858-0
Depósito legal: B-16.374-2025

Compuesto en M.I. Maquetación, S.L.
Impreso en Black Print CPI Ibérica
Sant Andreu de la Barca (Barcelona)

P 3 8 8 5 8 0

Índice

Al lector

AUNQUE EN TODOS ESTOS AÑOS DE DEDICACIÓN al análisis estrátegico son muchos los libros que me han acompañado, hay algunos autores que por su claridad, su intuición e incluso sus contradicciones, conservan una atrayente vigencia que me hace volver a ellos una y otra vez. Pienso en Clausewitz, en Sun Tzu, en Santa Cruz de Marcenado y, por supuesto, en Maquiavelo.

En las páginas que siguen el lector encontrará ampliadas muchas de las anotaciones que he ido realizando a lo largo del tiempo sobre *El príncipe*, bien sea en el mismo ejemplar, de una manera más esquemática, bien en diversas libretas, en donde extendía esas reflexiones e iba comprobando que, más allá de los avances tecnológicos, pocas son las cosas que han cambiado desde que se escribiera el libro.

La esencia del ser humano, con sus maravillosas dotes, pero también con sus muchas debilidades, se muestra como imperecedera. Por ello, debidamente ajustado al tiempo presente, *El príncipe* sigue siendo de máxima actualidad, ofreciendo lecciones de vida plenamente válidas.

A través de sus sentencias más reconocidas, Maquiavelo nos instruye sobre cómo sobrevivir en la vorágine del mundo. Y no solo en el ámbito político, pues lo cierto es que sus enseñanzas son aplicables a cualquier aspecto de la vida.

Espero que con mis humildes comentarios consiga acercar aún más este clásico al gran público. No pensando en que sea empleado «maquiavélicamente», sino, al contrario, para ayudarnos a pulir las imperfecciones individuales y sociales, y alcanzar entre todos un mundo más justo, seguro y libre, en el que paulatinamente vayamos abandonando los vicios y las pasiones de las que nos habla el autor florentino, y que siguen dirigiendo buena parte de nuestras acciones diarias. No es cuestión de un día, pero, si algo logro en este aspecto, me daré por más que satisfecho.

Les invito también a que hagan su propia lectura de *El príncipe*, cuya traducción íntegra encontrarán en la segunda parte del libro, con las frases que comento señaladas en negrita. Seguro que pueden extraer por su cuenta muchas y variadas enseñanzas.

Introducción

«EL FIN JUSTIFICA LOS MEDIOS», eso es lo que nuestro subconsciente nos dice cuando escuchamos o leemos la palabra «maquiavélico». Aunque la célebre frase no aparece en las obras de Nicolás Maquiavelo, ha servido para definir un pensamiento político que tiene su origen en el siglo XVI y que se asocia a una forma de gobierno autoritaria, incluso malvada. Sin embargo, debemos darnos cuenta de que, en ocasiones, por simplificar y porque somos víctimas de nuestros sesgos cognitivos, tan solo vemos el árbol (la frase) pero no el bosque (el libro), en parte también porque ignoramos el contexto histórico. Esto nos lleva a rechazar ideas que podrían resultar muy interesantes.

Nicolás Maquiavelo, con su obra principal, *El príncipe*, nos ofrece lo que hoy llamaríamos un manual o una guía. Un recetario para «torpes» con las estrategias necesarias para alcanzar el poder político o mantenerlo, para crear un Estado fuerte, sin dar demasiada importancia a los medios empleados. Nos encontramos, en definitiva, ante un pensamiento despojado de idealismos y utopías, alejado de justificaciones religiosas y centrado en la naturaleza humana como condicionante eterno de las relaciones sociales y, por lo tanto, también de las de poder.

Hoy en día vivimos una época de cambio profundo, una era disruptiva marcada por innovaciones tecnológicas que no dejan de sorprendernos, y que incluso son parte fundamental del enfrentamiento geopolítico entre Estados Unidos, que ahora es vista como la superpotencia en decadencia, y China, cuyo imparable desarrollo tiene como objetivo final hacerse con el dominio mundial. Las tecnologías emergentes (o ya emergidas y en constante mejora), en el ámbito de la inteligencia artificial, la computación cuántica, el internet de las cosas, los sistemas y procedimientos de comunicación, la biotecnología, la robótica o los avances en el espacio, están redefiniendo al ser humano y también la manera en que nos relacionamos, tanto con otras personas como con las máquinas.

En este punto de inflexión histórico, en el que los acontecimientos se precipitan con increíble velocidad, estas profundas transformaciones nos obligan a redefinir algunos conceptos que se han mantenido casi invariables desde el siglo XVI. En las siguientes páginas descubriremos si Maquiavelo todavía nos ofrece lecciones de vida válidas y revelaciones acerca del poder, que se puedan aplicar al contexto actual, puesto que es indudable que la psicología humana sí ha permanecido invariable en sus valores fundamentales. Y también en sus debilidades y pasiones.

1

LA MALVADA NATURALEZA HUMANA

La visión de Nicolás Maquiavelo sobre la política está inevitablemente teñida por su pesimista opinión acerca de la naturaleza del ser humano. No cabe duda de que esta percepción le impedía considerar como posible una organización social que confiara en la bondad o la colaboración solidaria y desinteresada de los ciudadanos o súbditos.

Los instintos reptilianos del ser humano

«Los hombres nos ofenden o por odio o por miedo».

(CAPÍTULO VII)

Maquiavelo reduce al miedo y al odio las fuerzas que impulsan a las personas a obrar contra el prójimo. Esto se antoja un tanto restrictivo, porque no se debe olvidar que uno de los rasgos del ser humano consiste en dañar a sus semejantes por puro placer, por simple maldad; o bien por problemas psicológicos, que en algunos casos impiden que sea consciente del dolor que causa con sus acciones, o con la ausencia de estas.

Las reacciones del hombre son valoradas por Maquiavelo como variaciones del instinto reptiliano: no son racionales. Son siempre emocionales y de índole impulsiva. Formula una suerte de primitivismo ético, en el que el comportamiento del príncipe posee un elemento bastante agresivo, al modo nietzscheano, donde la voluntad de poder y el instinto de dominación que surgen de la propia Naturaleza son los que dan las instrucciones acerca de cómo ha de comportarse frente a los que no son como él.

De manera diferente opinaba el príncipe Von Bülow, para quien «en política influye frecuentemente la ineptitud de manera más funesta que la maldad».

La maldad de los hombres excusa la de los príncipes

> «Ya me guardaría yo de dar tal consejo a los príncipes si todos los hombres fueran buenos, pero como son malos y están siempre dispuestos a romper sus promesas, el príncipe no debe ser exacto y celoso en el cumplimiento de las suyas. Y siempre encontrará con facilidad una manera de disculpar su incumplimiento».
>
> (CAPÍTULO XVIII)

Para Maquiavelo, el príncipe está legitimado para engañar a la población y no cumplir sus promesas cuando vea que no le reportan ningún beneficio. Este utilitarismo y ocasionalismo moral hace creer al príncipe que la población olvida pronto las afrentas si quien las sufre no tiene fuerza suficiente para atacarle.

Aunque hay capítulos de la historia, incluso en los momentos actuales, en los que se aprecia que la mentira y la política van de la mano, y se benefician mutuamente, por lo general la verdad acaba saliendo a la luz y permite que la moralidad de las acciones sea evaluada. Muchas veces —aunque menos de las deseables— el líder que no recurre a la moralidad en sus acciones pronto cae en el desprestigio. Maquiavelo considera a la persona como un ser débil. Como pesimista antropológico que es, cree legítimo mentir, ya que el hombre es malo por definición. Esta mezcla de vitalismo y utilitarismo parecería que hoy en día no debería surtir efecto, pero está demostrado que el relativismo moral y la falta de memoria colectiva, o la capacidad de ocultarla, hacen que el pueblo solo se fije en los resultados y no en cómo se han conseguido.

Lo que sí es cierto es la facilidad que tienen los líderes para justificar incluso las acciones más execrables, con total desparpajo y jaleados por su cohorte de seguidores, la mayoría agradecidos por haberse convertido en beneficiarios del despropósito cometido.

Los poderosos no tienen amigos verdaderos

> «Los hombres son ingratos, falsos, inconstantes, tímidos e interesados. Mientras se les hace el bien se puede contar con ellos: nos ofrecerán lo que tienen, sus propios hijos, su sangre y hasta su vida, pero todo eso dura mientras el peligro está lejos, porque cuando está cerca, aquella voluntad e ilusión que se tenía desaparece».

> «Los amigos que se adquieren a cambio de dinero, y no en virtud de los méritos del espíritu, rara vez se conservan durante los contratiempos de la fortuna,

> y no hay caso más frecuente que el de verse abandonado por ellos cuando más los necesita».
>
> (CAPÍTULO XVII)

De nuevo, Maquiavelo expone el peor lado de las personas: movidas exclusivamente por el más puro egoísmo, solo piensan en su propio beneficio. Mientras creen que están consiguiendo sus objetivos y ven satisfechas sus necesidades y ambiciones, se puede contar con ellas. Pero tan pronto se les exige un gran sacrificio o temen poder sufrir un revés en su vida o hacienda, enseguida abandonan a quien hasta ese momento era su benefactor y al que todo debían. Es la triste condición del alma humana, que pervivirá para siempre.

Por ello hay que saber rodearse de verdaderos amigos, de personas desinteresadas que estén a tu lado por lo que eres y no por lo que les puedas ofrecer. Y eso es algo que solo se descubre y demuestra en los malos momentos, en los que nada pueden conseguir de ti, más allá de una buena conversación y afecto mutuo. Huelga decir que los poderosos lo tienen más complicado para discernir con quiénes pueden contar de verdad y a quiénes deben considerar sus auténticos amigos, pues lo habitual es que revoloteen a su alrededor un enjambre de aduladores y falsos apoyos, que desaparecerán como por ensalmo tan pronto como se desvanezca el brillo que les da su solvencia económica o su poder político.

En este sentido, decía Plutarco: «Es preciso poner a prueba al amigo antes de la necesidad, para que no sea puesto a prueba por la necesidad».

Para Mazarino: «Son raras las amistades que nunca decepcionan», por lo que, como suele decirse, no esperes nada de los demás y evitarás decepciones.

La obediencia y el «efecto Lucifer»

> «Los hombres aman por voluntad o por capricho, pero temen, por el contrario, según el deseo de quien los gobierna».
>
> (CAPÍTULO XVII)

Existen muchos estudios sobre la deshumanización de la guerra, provocada por la cadena que conecta a quien toma la decisión con quien aprieta el gatillo o lanza la bomba. Se produce, de este modo, una sensación de pérdida de responsabilidad personal.

El psicólogo Stanley Milgram llevó a cabo una serie de experimentos que cambiaron para siempre nuestra percepción de la moral. Las investigaciones realizadas por Milgram y Philip Zimbardo para entender lo ocurrido en la Segunda Guerra Mundial y en los campos de exterminio mostraron lo influenciables que somos y cómo las personas pueden causar dolor a otras por el simple hecho de que alguien se lo pida. Ni siquiera los gritos o las muestras de dolor detenían las acciones de los sujetos del experimento, que justificaban su comportamiento en que una autoridad les ordenaba realizarlas. Es el denominado «efecto Lucifer», un mecanismo que facilita la irresponsabilidad personal y promueve la obediencia ciega.

Entender cómo la gente común puede cometer el más horrible de los crímenes, al evaporarse su sentido de la responsabilidad personal cuando se encuentra bajo la influencia de una fuerte autoridad, nos ha permitido conocer lo más profundo y oscuro de la naturaleza humana.

2

LA VISIÓN DEL LÍDER

Aunque Maquiavelo se refiere en su obra al príncipe, nosotros podemos compararlo con el líder, ya sea en la política, en una organización o en una empresa, según el caso. Del mismo modo que en tiempos del autor florentino se buscaban príncipes, reyes o emperadores capaces de gobernar, hoy en día buscamos líderes que puedan llevar adelante una empresa, un equipo de trabajo o un país. Por eso debemos traducir los términos de la época de Maquiavelo a nuestra realidad actual e intentar aprovechar lo que todavía pueda sernos útil e iluminador, al mismo tiempo que rechazamos aquello que ya no coincide con nuestros valores o nuestras necesidades. Por otra parte, nunca hay que olvidar que algunos expertos y lectores de *El príncipe* han considerado que muchos pasajes de esta obra deben leerse de manera irónica, como una crítica encubierta de su autor a los tiranos, pues él siempre fue partidario de un estado republicano.

Necesidad del liderazgo

> «Los vasallos aceptan con gusto cambiar de señores, creyendo que así obtendrán alguna ventaja».
>
> (CAPÍTULO III)

Los términos que emplea Maquiavelo («cambiar» y «ventaja») apuntan al anhelo humano de seguir a un líder que decida y que conduzca al grupo o colectivo hacia un objetivo común, y que pueda satisfacer las necesidades, ambiciones y aspiraciones de todos.

La tendencia humana a agruparse y a tener ambiciones como comunidad, a aceptar ser dirigidos por un líder que les transmita una sensación creíble de mejora, se ha visto agravada en las últimas décadas por la crisis de liderazgo que estamos viviendo en muchos ámbitos.

Seguimos a nuestros líderes porque nos ofrecen una visión que nos impulsa a mejorar, porque nos transmiten una promesa llena de esperanza. Esto se puede traducir como definir el «qué», el «por qué» y el «para qué» de cualquier organización, los tres elementos básicos de la automotivación humana. Cuanto más alineada esté la visión de un líder con mis propias expectativas, mayor será la sensación de que puedo mejorar y, en consecuencia, lo seguiré con mayor convencimiento. Por descontado, las personas siempre vamos a seguir a quien nos ofrezca mayores ventajas de toda índole, incluso si son inmerecidas o en exceso fantasiosas.

Los avances en la neurociencia y el conocimiento de la psicología y las motivaciones nos están conduciendo a un tipo de liderazgo diferente, más moderno y humano. Los últimos descubrimientos nos revelan que conocer el «qué» nos conecta a través del neocórtex, mientras que saber el «por qué» y el «para qué» lo hace a través del sistema límbico, responsable de nuestras emociones, y que, por lo tanto, ejercen una mayor influencia sobre la persona. El príncipe o líder que conecta con el «por qué» y el «para qué» logra una mayor predisposición de sus seguidores a avanzar por la senda que les marque, al mismo tiempo que su liderazgo se hace más eficaz, puesto que logra conectar con el plano emocional.

Esto lo saben los líderes modernos, que aprovechan los avances científicos y se actualizan de forma constante. Empezar por el «por qué» y el «para qué» se considera parte esencial del éxito en las organizaciones actuales. *Por qué* hacemos lo que hacemos, qué motivos nos impulsan a actuar; *para qué* lo hacemos, qué objetivo deseamos alcanzar. Hoy en día ya no se hace nada sin contar con las emociones, de las que, al fin y al cabo, todos somos esclavos. Se busca inspirar a las poblaciones, en vez de manipularlas de forma burda y egoísta, pues, si bien ambas formas sirven para lograr influencia, con la manipulación solo se pretende utilizar a la gente para el beneficio particular.

Comunicar desde el razonamiento y el propósito marca la diferencia. Lo ideal es que el líder sea seguido por convencimiento y no por su capacidad para ejercer la fuerza, si bien en ciertas situaciones la fuerza puede ser necesaria para garantizar la cohesión del grupo.

Si lo examinamos desde una perspectiva más filosófica, vemos que cuando nos enfrentamos a un problema y no obtenemos los resultados esperados (o los que otros esperan de nosotros), se produce una crisis de valores, una falta de confianza en lo que podemos llamar «paradigma». En el fondo, para que se produzca un verdadero cambio, antes hay que modificar los parámetros de una cultura, lo que incluye transformar la manera de aprender y actuar.

Pensar que solo en el cambio está la solución, sin que cambie también el contexto histórico, social y político, es una utopía y un error. Nada cambia si no somos capaces de romper con lo anterior. Ahora bien, nunca se sabe si el cambio será a mejor o a peor, o si tan solo consiste en mirar la realidad desde otra perspectiva, para, en el fondo, no cambiar nada. En este último caso no existirá mejora, sino una «ilusión mental»: la de que las cosas, por el simple hecho de cambiar, son mejores. Pero, tarde o temprano, se descubrirá que no es así, o al menos no de forma tan incuestionable.

Tampoco debemos olvidar lo que decía Gregorio Marañón: «Las dictaduras coinciden con el surgimiento del hombre que, con una simplísima fórmula, da la solución de lo que parecía insoluble». Es el peligro de los populismos, de uno u otro signo, que tanto daño provocan en las sociedades que se dejan arrastrar por ellos de manera incauta, confiando en un cambio que será tan solo aparente o, en otros casos, a peor.

Un líder debe hacerse siempre necesario

> «Todos recurrirán a él y se mostrarán dispuestos a morir en su defensa, al menos mientras se hallen lejos de la muerte de la que hablan. Pero cuando vengan los reveses de la fortuna y llegue la ocasión de ofrecer tales servicios por parte del pueblo, el príncipe descubrirá, ya demasiado tarde por desgracia, que aquel ardor era poco sincero».
>
> «Un príncipe sabio debe comportarse en todo momento y situación de tal modo que sus súbditos estén convencidos de que lo necesitan y de que no pueden estar sin él: esta será siempre la mejor garantía de la fidelidad de los pueblos».
>
> (CAPÍTULO IX)

El comportamiento humano siempre está condicionado por la situación. ¡Qué difícil es lograr el compromiso en las malas situaciones!

Pero ese es uno de los roles del príncipe: lograr que sus ciudadanos lo necesiten para, de este modo, asegurar su fidelidad. Hoy en día entendemos esto como la necesidad de que el líder sea capaz de generar compromiso.

El compromiso representa el vínculo emocional que nos lleva a identificarnos con otra persona, con una idea o con una empresa. Compromiso significa renunciar a algo para así alcanzar mayores beneficios, además de mantener la coherencia entre nuestro comportamiento y la cultura de la que formamos parte.

En esta línea, los objetivos del pueblo, o de los seguidores de un líder, deben estar bien definidos. En la actualidad se sabe mucho más sobre los deseos humanos y los mecanismos para generar compromiso, lo que nos permite aumentar la eficacia de un equipo. Entre las variables fundamentales se encuentra la preocupación por el cometido, junto con el grado de cooperación y el deseo de velar por los demás.

El líder debe saber que muchas cosas importantes de la vida no se ven con los ojos, y que el mundo de las emociones tiene mucho que decir aquí. Es un factor determinante que ha cambiado las reglas del juego con el objeto de generar compromiso. En el siglo XVI no existía este conocimiento (y seguramente tampoco preocupación), acerca del compromiso emocional. Pero la inteligencia emocional es lo que nos distingue de las máquinas y lo que nos diferenciará de la creciente influencia de la inteligencia artificial.

Diversas pruebas para comprobar el nivel de compromiso de los empleados, según sistemas de medición Gallup, han concluido que la tasa de crecimiento de los beneficios por acción es cuatro veces superior en las organizaciones comprometidas. Hoy se considera un valor de los líderes el que se preocupen por el equipo y que sean capaces de generar el compromiso necesario.

Más recientemente se han identificado dos tipos de compromiso: el racional y el emocional. Se ha observado que las personas se esfuerzan más a partir de un compromiso emocional. En el ámbito militar sucede lo mismo: las guerras no las ganan los generales o los héroes en solitario. El factor determinante es el compromiso que haya sido capaz de generar el líder.

Las mejores cualidades del líder

> «A un príncipe al que no le falta valor y habilidad, y que en vez de abatirse cuando la fortuna le es contraria sabe mantener el orden en sus Estados, tanto gracias a su firmeza como a las medidas acertadas que toma, jamás le pesará haber logrado contar con el afecto del pueblo».
>
> (CAPÍTULO IX)

Los valores del líder son fundamentales para satisfacer las necesidades del pueblo. Junto a la preparación y los conocimientos, muchas veces la diferencia entre hacer las cosas y hacerlas mejor se encuentra en el carácter del líder, en su actitud y su ánimo.

Maquiavelo mantenía la máxima del mando único, en el que nada puede reemplazar el trabajo personal del jefe. Eso sí, con un enfoque centrado en un liderazgo adaptativo, que es capaz de todo según la situación y que no rechaza emplear ninguna herramienta a su alcance.

En esta línea, el pensamiento maquiavélico establece algunos de los principios de las teorías del liderazgo que se basan en las características de las personas, si bien no tiene en cuenta la base moral o la ética cultural, que también forman parte de la naturaleza humana.

El liderazgo del príncipe debe ser reforzado por un conjunto de virtudes que le presenten a los ojos del pueblo como un dechado de cualidades y capacidades, que debe poseer de forma casi innata para ganarse la fidelidad de la ciudadanía. En este punto podemos plantearnos si el príncipe aprende a serlo o, por el contrario, si nace con unas cualidades que la buena tutela y la enseñanza conforman y que lo convierten en un auténtico líder y padre para su pueblo. El culto al personalismo es una estrategia que encontramos a lo largo de la historia, con esos gobernantes autocráticos que poseen cualidades casi divinas. Por eso, a su muerte siempre se produce un conflicto sucesorio, o al menos una crisis dentro del aparato del Estado. Dotar al príncipe de valores y capacidades sobrehumanas puede funcionar al principio, pero en poco tiempo la exageración hará merma en el liderazgo, en especial fuera de su territorio. Para mantener el liderazgo y su imagen, las reacciones contra los disidentes se convertirán en más agresivas y violentas, y se ejercerá mayor control sobre los que se queden. Ocurrió así en el culto a los líderes con base religiosa, con los libertadores de la patria o con los creadores de sistemas autocráticos, tan comunes en Asia y Oriente Medio. Europa tampoco se vio libre de esta visión en las décadas de 1920 y 1930.

Parece que la máxima de Maquiavelo no se cumple en algunas democracias occidentales, en las que da la impresión de que los que llegan a las más altas responsabilidades políticas no reúnen varias de las características citadas. Quizá sea este uno de los motivos por los que la ciudadanía desconfía tanto de sus líderes. Los políticos en algunas democracias han entrado en una fase de desprestigio, exceptuando a los que viven bien a su sombra, por supuesto. Esto no es en absoluto positivo para la fortaleza que debería tener el Estado, ni para solucionar los graves problemas a los que debe hacer frente un país moderno.

Hoy en día, para ser un buen dirigente, se deberían exigir al menos las siguientes cualidades: honradez (ética), transparencia (estética) y vocación de servicio (épica).

Las cuatro «ces» del líder

> «Los que gobiernan deben parecer grandes en todos sus actos y evitar mostrar cualquier indicio de debilidad o de incertidumbre en sus decisiones».
>
> (CAPÍTULO XXI)

El máximo don de un príncipe es el de ser un buen trilero. Vender cualquier acto con una retórica y una adjetivación que lo conviertan en superlativo. La mesura es signo de debilidad para el pueblo. Y el príncipe gobierna con el favor del pueblo o no gobierna.

En todo caso, para el líder es esencial conseguir una imagen de cierta excepcionalidad, hacer creer que pocos o ninguno tienen las capacidades para ocupar su puesto.

Mazarino aconsejaba: «Cada vez que aparezcas en público... intenta comportarte de manera irreprochable: una sola metedura de pata es suficiente para manchar una reputación y el daño es a menudo irreversible». No es menos cierto el dicho: «Cuando lo hago bien, nadie se acuerda; cuando lo hago mal, nadie lo olvida». Y mucho menos hoy día, con la huella digital indeleble que dejamos con casi todas nuestras acciones. Ya decía Baltasar Gracián: «Nunca defenderse con la pluma, que deja rastro».

Llevándolo al contexto actual, podríamos decir que se trata de factores que ayudan a consolidar al líder. El prestigio se construye con muestras de ingenio. Pedagogos expertos indican que las escuelas deberían dedicarse a enseñar las cuatro «ces»: pensamiento crítico, comunicación, colaboración y creatividad. La creatividad está asociada al ingenio, un aspecto que se está impulsando en la formación de los nuevos líderes y que se considera vital para el siglo XXI. Es más, sigue siendo de los pocos factores que nos diferencian (y diferenciarán) de la creciente inteligencia artificial.

El ejemplo es (casi) lo único que enseña

> «Cómo deben emplearse los ejércitos mercenarios, por un príncipe o por una república: en el primer caso, el príncipe debe ponerse al mando del ejército».
>
> (CAPÍTULO XII)

A pesar de su visión negativa de la naturaleza humana, para Maquiavelo es de primera importancia que el príncipe acuda «en persona» al combate. Se señala de este modo la relevancia de la presencia física para ejercer el liderazgo. Sin duda, el ejemplo personal es la mejor de las motivaciones.

Ya lo decían los romanos: *exemplum docet* («el ejemplo enseña»). El líder tiene que ser visto en todos los escenarios, con sus seguidores, con su gente, y todo lo que hace, y cómo lo hace, tiene que servir de ejemplo. Como el profesor Dale Carnegie solía decir: «El ejemplo es casi lo único que enseña».

La presencia en primera línea del campo de batalla persigue el contacto directo entre el líder y los seguidores y así generar la confianza imprescindible para una buena moral de combate. No debe olvidarse que liderar no es otra cosa que influir basándose en el factor humano.

Jenofonte lo decía con toda claridad: «Durante las acciones guerreras debe ser manifiesto que el jefe supera a los soldados en aguantar el sol en verano, el frío en invierno y las fatigas en el transcurso de las dificultades». El príncipe debe encabezar sus ejércitos, debe dar ejemplo y ser ejemplar, debe sufrir con su gente. Solo así su tropa reunirá el valor necesario para redoblar sus esfuerzos y mantener a salvo sus intereses. El ejemplo en el ejercicio de la milicia hace creer a todo soldado que su mando está siempre con él, que padece lo que él y come el mismo rancho. Y si él muere, es porque su príncipe está en situación de hacerlo también.

Clarence Francis nos recuerda una gran verdad: «Podemos comprar el tiempo de las personas; podemos comprar su presencia física en un determinado lugar, podemos incluso comprar sus movimientos musculares por hora... Sin embargo, no podemos comprar el entusiasmo, no podemos comprar la lealtad, no podemos comprar la devoción de sus corazones. ¡Esto debemos ganárnoslo!».

El liderazgo requiere acción, no se gana a distancia o desde la oficina. Ni siquiera en estos tiempos de teletrabajo, que, por otra parte, también necesitan de un «teleliderazgo» especial, en forma de presencia virtual constante.

> «Fernando V de España [...] se ha convertido en el primer rey de la cristiandad por su reputación y gloria. Si se examinan sus actos, se descubrirá en ellos una altura de carácter tan elevada que algunos parecen incluso desmesurados».
>
> (CAPÍTULO XXI)

Ejemplo y prestigio siempre están asociados en el largo camino de la consolidación del líder. Maquiavelo nos recuerda de nuevo la importancia de dar ejemplo para conseguir ser un buen príncipe. El ejemplo evita tener que dar lecciones ni recordarlas. Es la mejor enseñanza que se puede transmitir y la que con más facilidad se asimila. No precisa de ninguna imposición. Cierto es que no todos los que ven buenos ejemplos los siguen; hay quien, precisamente por haberlos visto, hace justo lo contrario. Pero no suele ser lo habitual. Al final, todos, incluso de forma inconsciente, tendemos a replicar los ejemplos que hemos visto y vivido, sea en el seno familiar, en la escuela o en el ámbito laboral.

Un buen líder es un buen lector

> «El príncipe debe leer la historia y poner atención especial en las hazañas de los grandes capitanes, y examinar las causas de sus victorias y sus derrotas. Sobre todo, conviene imitar algún modelo de la antigüedad y seguir sus huellas».
>
> (CAPÍTULO XIV)

Entre las obligaciones del líder, Maquiavelo da mucha importancia a que debe formarse leyendo historia. Estudiar las batallas pasadas aporta múltiples lecciones: desde los escenarios en los que tuvieron lugar, que suelen ser recurrentes, hasta las estrategias, las tácticas y los medios empleados. También nos ofrecen enseñanzas acerca del miedo y el valor, el liderazgo, la obediencia, la disciplina y todos los elementos abstractos que aparecen en esta guía para líderes que nos propone el autor florentino.

Maquiavelo fue original al promover el conocimiento de la política, buscando principios y reglas a modo de guía, que pudieran facilitar la acción del príncipe o líder. Pero una de las claves para entenderlo bien consiste en examinar sus propias fuentes de aprendizaje, entre las que destaca la historia y la observación de los acontecimientos de su presente, de donde extrae sus conclusiones acerca de lo que funciona y lo que no, y que le permite aprender cuáles son los rasgos del líder al mismo tiempo que profundiza en el conocimiento de la naturaleza humana.

También para Mazarino era fundamental leer historia para cualquier líder: «Hallarás en los libros de historia precedentes que te servirán de inspiración». Conocer la historia y extraer lecciones de ella, del ejemplo de los lideres anteriores y las circunstancias que los forjaron, siempre es útil. Aunque cambien los escenarios y las armas, el alma y el comportamiento del ser humano no ha variado tanto: se sigue moviendo por la tríada compuesta por el poder, el reconocimiento y el temor. Quien los sepa usar será un gobernante capaz de manejar durante mucho tiempo una república. En nuestros días, si bien se enmascaran los actores, las formas de control y de reputación siguen siendo las mismas. Hoy también sabemos que conocer la historia y aprender de ella es absolutamente necesario. Por eso, es esencial ensalzar el valor de las humanidades en la formación general, ya que aumenta las posibilidades de entender el entorno. Ya no estamos en la era de la información, sino en la era del conocimiento, pero tenemos que progresar hacia la era del pensamiento.

Muchos clásicos, como Pericles, Tucídides, Julio César o Napoleón, son ejemplo de líderes que promovían las enseñanzas y aprendizajes que nos ofrece la historia. El conocido autor y conferenciante Zig Ziglar decía: «No todos los lectores son líderes, pero todos los líderes sí son lectores».

En el nuevo liderazgo, tenemos que ser conscientes de que nuestra historia nace en el pasado y que, para conocer nuestro presente, tenemos que remitirnos al pasado, pero sin cerrar nunca la puerta al futuro.

Como decía el príncipe Von Bülow: «La veneración a su pasado histórico... es el criterio más seguro de los pueblos fuertes y grandes».

Dime con quién andas y sabré si eres un buen líder

> «La reputación de un príncipe depende muchas veces de las personas que lo rodean».
>
> (CAPÍTULO XXII)

Maquiavelo también se preocupa por la importancia del capital humano que rodea al líder. Saber hacer equipo se ha revalorizado hoy en día, aunque la manera de constituirlo y organizarlo ha cambiado. Muchas experiencias han determinado la nueva gestión de equipo, en la que se cuidan aspectos que facilitan la motivación y la cohesión.

De lo que no cabe duda es de que el líder inteligente sabe rodearse de personas valiosas, incluso más capaces que él en ciertos temas. A él le corresponde canalizar los conocimientos y la valía de cada uno de sus colaboradores para, aprovechando la sinergia, conseguir un resultado mucho mejor, más eficaz y resolutivo. Solo los timoratos, los acomplejados, los que dudan de su propia valía, buscan rodearse de personas con capacidades inferiores a las suyas, por aquello de que no vayan a quitarles el poco brillo que tienen. Por todo ello, basta observar quién rodea a un príncipe para hacerse una idea bastante acertada de su capacidad intelectual, de su inteligencia.

Mostrar inteligencia influye en la capacidad de ejercer el poder. También es necesario saber la verdad para poder decidir con eficacia. La ilusión del conocimiento muchas veces provoca que un líder se desvíe de la realidad, aspecto que puede verse agravado en el mundo cada vez más complejo que nos toca vivir. Esa combinación de lo que uno sabe y del papel o relevancia de los asesores puede hacer que uno no sea consciente de su ignorancia, por ver, o por querer ver, tan solo lo que ese grupo de amigos con ideas alineadas le transmite, y por beber de fuentes informativas que no hacen más que confirmar sus creencias.

Dependiendo de quién te rodea y te aconseja, así serán tus decisiones y así se podrán predecir. Rodearse de consejeros adecuados es casi tarea de magia, un puro milagro. Todos serán, o querrán ser, validos, pero solo lo serán en ocasiones puntuales o según su nivel de experiencia. Pero no todos podrán tener razón siempre.

La habilidad para elegir equipo

> «Un príncipe prudente más bien preferirá exponerse a ser vencido con sus propias tropas antes que a vencer con las extranjeras: además, no es una verdadera victoria la que se consigue con ayuda ajena».
>
> (CAPÍTULO XIII)

Cuando Maquiavelo habla de los ejércitos, distingue entre auxiliares, mixtos y propios, en relación con el origen de las tropas. Respecto de las tropas auxiliares, consideradas de segunda clase, aunque pueden ser útiles, estima que son perjudiciales a la larga, e incluso más peligrosas que las tropas mercenarias.

El factor equipo es considerado un aspecto fundamental del líder eficaz. Forma parte del liderazgo ético, que consiste en buscar objetivos (la victoria) con tu propio equipo (los soldados). Es lo que se necesita para un liderazgo efectivo: alinear el líder con los seguidores en un marco o situación determinados.

Un equipo bien integrado es propio de los llamados «equipos de alto rendimiento», que cumplen con los objetivos de la organización mediante el compromiso, sin que su permanente disponibilidad suponga un aumento en los costes de producción. Equipos en los que la confianza sirve de lubricante entre todos los factores del liderazgo y que, al mismo tiempo, facilita la comunicación y la iniciativa.

En los entornos actuales, en constante cambio y, en los que se requiere un perfil de líder con mucha iniciativa interesa que se sepa trabajar en equipo, y para ello la cohesión es una condición previa imprescindible. Que el líder pueda considerar las tropas como «suyas» es signo de preparación, origen y sentido de pertenencia comunes, lo que facilita muchos aspectos del liderazgo y aumenta la eficacia del conjunto.

Como ejemplo de esa necesaria cohesión interna, en los equipos de los «Navy Seals» estadounidenses (considerados de alto rendimiento) se selecciona a los integrantes por cómo pueden encajar en el equipo, incluso por encima de sus aptitudes individuales. Sin la menor duda, las personas que hacen equipo generan confianza.

La confianza es el lubricante del liderazgo

> «El primer signo de la decadencia del Imperio Romano [...] fue tomar a sueldo a los godos, lo que debilitó al ejército romano y dio ventaja a los godos».
>
> «No hay poder tan débil como el que no se apoya en sí mismo; es decir, el que no se defiende gracias a sus propios ciudadanos».
>
> (CAPÍTULO XIII)

En *El príncipe*, Maquiavelo insiste una y otra vez en la necesidad de un ejército basado en personas afines, de formar un equipo con una cultura que genere cohesión y haga fuertes a sus miembros. La historia nos demuestra que es un error grave ceder el poder a los que están en la frontera o delegar la responsabilidad de defender esas fronteras a quienes no son súbditos. Todo imperio cae siempre debido a la corrupción de las instituciones propias, la debilidad de los valores institucionales, la arbitrariedad del príncipe en sus actos o el error de delegar en exceso la fuerza defensiva en quienes tienen otros intereses. Lo propio siempre será más valioso que lo ajeno.

Hoy se insiste mucho en la importancia del compromiso, palabra de moda en el nuevo liderazgo y que forma parte de los valores de los nuevos líderes. Generar compromiso trae consigo implicación y entusiasmo, y para lograrlo son esenciales las capacidades emocionales. La conexión entre el líder y sus seguidores es algo más que una simple comunicación. Un equipo conectado se considera un equipo que suma.

A partir de estos nuevos valores, la confianza se considera el lubricante que permitirá el movimiento de todos los factores del liderazgo. La confianza es fundamental para la efectividad y la salud de un equipo, puesto que facilita la comunicación sincera y favorece la posibilidad de retroalimentación, incluso estimulando la crítica, con el objetivo de aprender y mejorar. Es esa confianza lo que permitirá a todos los individuos informar de los males, problemas y las posibles mejoras, evitando contar tan solo lo que se quiere oír o lo que al líder le complace más, aspecto que tanto ha marcado tradicionalmente a las organizaciones jerárquicas.

3

CONQUISTAR EL PODER Y MANTENERLO

Aunque un príncipe o un líder puede llegar a conquistar el poder o la preeminencia por un golpe de suerte o una coincidencia de circunstancias favorables, su verdadera valía se demostrará si, además, es capaz de conservarlo.

Las eternas ansias de conquista

> «Es natural y frecuente el deseo de conquistar, y los hombres son más alabados que reprendidos cuando lo logran, pero cuando no son capaces de hacerlo y lo intentan a cualquier precio, son dignos de vituperio».
>
> (CAPÍTULO III)

La ambición es parte sustancial de la naturaleza humana. Ya se trate de conseguir más territorios, súbditos o recursos, empleando medios militares tradicionales o mediante fórmulas modernas y sofisticadas, el conquistador considera sus deseos como algo natural e inevitable, sin preocuparse por encontrar una posible justificación ética. Para algunos, por muy alto que se llegue, siempre existe el ansia de elevarse aún más.

Si pensamos en los instintos más primitivos, que están arraigados en lo más profundo de nuestro inconsciente, puesto que están vinculados a los instintos reptilianos de supervivencia, la conquista, en tanto que logro, es una manera de satisfacerlos. Según muchos autores, no se puede renunciar a ese instinto, ya que es inherente a la especie y a la genética humana.

En el siglo XXI, el concepto de conquista se ha ampliado, al mismo tiempo que los ámbitos de las posibles operaciones. Hemos pasado de los clásicos «tierra, mar y aire», que han definido los conflictos globales más recientes, a los nuevos dominios del ciberespacio y el ámbito cognitivo. Y cada vez más tenemos que incluir el espacio exterior, con la renovada y acelerada carrera espacial. El «multidominio» es hoy la moda. Entender las conquistas solo en el ámbito territorial, físico, con medios militares clásicos, ya no resulta suficiente.

Si en el siglo XVI la mejor manera de asegurar el dominio era a través de la destrucción, hoy se considera que se puede lograr gracias a los efectos producidos por la tecnología. Surgen otras maneras de dominar o influir sobre territorios y poblaciones; incluso se habla de efectos *quinéticos* y no *quinéticos*, más allá de los clásicos cinéticos: atacar las percepciones del enemigo, la guerra psicológica, las operaciones de influencia... Conceptos de este siglo XXI que, en algunos casos, renuevan viejas ideas y, en otros, son absolutamente novedosos porque aprovechan los avances científicos y el conocimiento de la mente humana para alcanzar objetivos militares y de conquista, pero por otros medios.

Ha crecido, en definitiva, el espectro de la geopolítica actual, entendida como verdadero geopoder, como la pugna por el dominio planetario. Las maneras de saciar esos deseos de poder universal también se han multiplicado, debido tanto a la asimetría de poderes como a los medios tecnológicos. El espacio exterior representa un nuevo concepto de conquista que se basa en la tecnología, aunque de momento sigue estando al alcance de muy pocos, entre los que podemos incluir, además de países, a un puñado de multimillonarios.

Es precisamente ahora cuando debemos entender que la conquista también la pueden lograr los considerados como débiles, es decir, el conocido como «poder blando», ejercido y basado más en criterios psicológicos que de eficacia.

La conquista cultural

> «Las mayores dificultades se dan cuando en el nuevo país tanto la lengua como las costumbres de sus habitantes son diferentes de las de los antiguos súbditos».
>
> (CAPÍTULO III)

En este pasaje descubrimos la importancia de la cultura de un pueblo y de los hábitos de las personas. Si se quiere influir en una región o en un país, incluso sin llegar a la conquista, los aspectos culturales han sido siempre el factor más importante durante toda la historia, y lo siguen siendo hoy en día. Ignorarlo ha supuesto el fracaso, a no ser que se siguiera una estrategia de exterminio, que sería otro tipo de dominio.

Los romanos, durante su expansión imperial, mantuvieron y respetaron los usos, costumbres, tradiciones, religiones y lenguas de las tierras que conquistaron. Tan solo exigieron que se rindiera culto a sus dioses y que se empleara el latín como lengua oficial para uso administrativo.

En la última década se han desarrollado conceptos modernos, como el *Cultural Awareness* o «Conciencia Cultural», que insisten en la imperiosa necesidad de conocer en profundidad estos aspectos cuando se actúa en el mercado global y con equipos multiculturales.

Si comunicarse de forma efectiva con otras culturas siempre ha sido rentable, en el mundo de la globalización comercial es un principio vital de actuación. Ser capaz de cambiar las actitudes y los hábitos propios cuando se interactúa con otras culturas, así como ofrecer muestras de respeto hacia maneras diferentes de entender la vida, son instrumentos que facilitan de manera innegable la capacidad de influir o comerciar con otros pueblos y culturas. El nuevo liderazgo humano exige reconocer, aceptar y respetar la diversidad cultural.

Por otro lado, la «inteligencia cultural» forma parte esencial de cualquier operación militar en el exterior, más allá de nuestro propio territorio. En los conflictos recientes se prepara a los integrantes de las distintas fuerzas para mostrar respeto cultural y, de este modo, alcanzar los objetivos previstos. Para lograrlo, se les alecciona incluso en detalles que pueden parecer superfluos, como evitar llevar gafas de sol para no interponer barreras comunicativas: en este caso, el no poder mirarse a los ojos. En efecto, a veces algo tan básico como llevar gafas de sol con cristales de espejos provoca conflictos culturales. En ciertos casos, la población local ha llegado a pensar que las lentes disponían de capacidades «tecnológicas» muy superiores y que los soldados extranjeros podían ver los cuerpos desnudos de las mujeres a través de sus burkas. Con la formación y preparación cultural de los ejércitos se busca entender y respetar las costumbres y normas diferentes de otros pueblos. Cuando no se ha hecho así, las dificultades han aparecido por doquier. El ejemplo más actual lo tenemos en Afganistán.

Por otro lado, la lengua juega un papel muy importante en nuestras vidas, debido a que en ella se formulan y toman sentido las costumbres y se escriben las leyes o normas en las que nos entendemos y comunicamos. La lengua representa nuestra identidad, pues con ella interpretamos nuestras experiencias (función ideacional) y establecemos la interacción con otros seres humanos (función interpersonal).

El cardenal Mazarino, uno de los personajes más «maquiavélicos» en el sentido tradicional del término, lo tenía muy claro: «No te opongas nunca a lo que le gusta a la gente llana».

Lo malo, todo a la vez; lo bueno, poco a poco

> «Se necesita [...] que el usurpador de un estado cometa de una vez todas las crueldades, para no repetirlas después».
>
> «Todas estas ofensas han de hacerse de una vez, para que, de este modo, duelan menos, al ser menor el intervalo en el que tienen lugar; por el contrario, los beneficios deben derramarse poco a poco y de uno en uno, para que se degusten con más placer».
>
> (CAPÍTULO VIII)

Maquiavelo recomienda llevar a cabo todas las acciones negativas contra una persona o sociedad de una vez, confiando en que las personas tenemos poca memoria. De este modo, se espera que olviden pronto los agravios sufridos.

Esto contradice, en cierto modo, otro de sus axiomas, según el cual el ofendido nunca cejará en su afán de venganza, incluso aunque se le otorguen muchos beneficios. La idea subyacente aquí es que, si es necesario aplicar ultrajes, es mejor ejecutarlos rápidamente, ya que de este modo las consecuencias serán menores. Porque, argumenta Maquiavelo, si causamos los ultrajes poco a poco y los dilatamos en el tiempo, la oposición será permanente e incluso podría aumentar.

En lo que acierta por completo es cuando se refiere a los beneficios, pues no cabe ninguna duda de que siempre será más rentable ir concediéndolos de forma paulatina, en pequeñas dosis, porque de esta manera conseguiremos que el agradecimiento sea mayor y más duradero.

La recomendación de dosificar las dádivas tiene como fundamento mantener enganchada a la ciudadanía, al concederle pequeños premios de forma constante. El «pan y circo» es, en el fondo, el motor de todo sistema autocrático y paternalista.

En consecuencia, el crimen o la tropelía debe ser lo más breve posible, para que pronto quede olvidado entre las montañas de regalos y la escucha activa que el príncipe debe emplear para granjearse la amistad y el cariño del pueblo.

Si conviene o no desarmar al pueblo

> «Hay príncipes que para mantenerse en sus Estados desarman a sus vasallos; otros fomentan las discordias en las provincias sujetas a su dominio; los ha habido que se buscaron enemigos a propósito; algunos se esfuerzan por ganarse la amistad de aquellos a los que al principio de su reinado consideraron sospechosos: este ordena construir fortalezas y aquel otro, derribarlas».
>
> (CAPÍTULO XX)

Si la idea del libro de Maquiavelo es servir de guía para que un Estado, gobernado por un príncipe, pueda asegurar el orden social, aquí se hace referencia a algunas de las recomendaciones para hacer fuerte al Estado, en muchos casos sin tener en cuenta aspectos morales.

Respecto a la vía de asegurar las posesiones mediante el desarme, cabe decir que ha sido más frecuente armar a los súbditos para ampliar el poder o la influencia. Cuando los ejércitos modernos han intentado desarmar a los pueblos, siempre se han encontrado con obstáculos. Pero si se toma esta opción, es porque se tiene asegurada una fuerza armada suficiente. El desarme generalizado no se considera una buena opción, pues debe mantenerse el poder de alguna manera.

En el tema concreto de «desarmar a los súbditos» entraríamos en el debate que se da en algunos países, como Estados Unidos, sobre la adquisición y uso de las armas de fuego por parte de los ciudadanos. Dependiendo de sus antecedentes históricos y de cada cultura, las valoraciones y los debates van a ser muy distintos.

Hay casos muy curiosos a este respecto, como Noruega. En este país, los ciudadanos consideran que tienen derecho a disponer de sus propias armas para evitar lo que sucedió durante la Segunda Guerra Mundial, cuando su gobierno capituló y entregó la nación a Alemania. Por ello se consideran con el derecho de disponer de medios para defender su patria, incluso en contra de las decisiones del gobierno, si fuera preciso.

El control de las armas siempre ha sido una necesidad, y frente a la dificultad de desarrollar programas de desarme, supervisados por fuerzas multinacionales, e incluso bajo el amparo de Naciones Unidas, los avances tecnológicos no han ignorado este campo. Pensando en un escenario futuro, en el que proliferen armas inteligentes, se está estudiando cómo regular y controlar un mercado cada vez más complicado, en el que las armas puedan dejar de estar operativas si no identifican al usuario o propietario mediante datos biométricos.

No debemos olvidar que el concepto de arma también ha cambiado con la revolución tecnológica y la naturaleza descentralizada de internet. Ya no nos sorprende escuchar a algunos dirigentes decir que Twitter es o ha sido su «arma secreta». Todo sirve para la batalla de las ideas en el dominio virtual.

Pocos dudan que las armas cibernéticas modificarán las leyes de la guerra. Ya tenemos ejemplos recientes de ciberataques que provocan algún daño material o incluso la muerte.

4

TEMOR, AMOR Y RESPETO

Entre conseguir el afecto de los súbditos y seguidores o lograr que lo teman, para Maquiavelo no hay lugar para la duda: un líder debe ser temido. En su opinión, el temor es mucho más eficaz para mantener la fidelidad no solo de los enemigos, sino también de los amigos y aliados. Eso sí, lo ideal para Maquiavelo sería conseguir tanto el temor como el respeto, y quién sabe si incluso algo de afecto, que nunca estará de más. Pero ¿sigue siendo válida esta escala de valores para el líder actual?

Es mejor confiar en el temor que en el amor

> «Por lo general, los hombres se encuentran más dispuestos a contentar al que temen que al que se hace amar».
>
> [La amistad es] una unión puramente moral, o una obligación nacida a causa de un beneficio recibido, [y] no puede sobrevivir frente a los cálculos interesados. Por el contrario, el temor nos hace pensar en alejarnos de una pena o castigo, por lo que la impresión que recibe el ánimo es más profunda».
>
> (CAPÍTULO XVII)

Que ser temido es mejor que ser amado es otra de las ideas más representativas de la cultura maquiavélica. Aquí destaca el matiz de que el miedo al castigo puede ser un factor esencial en la psicología humana.

Maquiavelo, en su discusión acerca de si es mejor ser un príncipe temido o amado, prefiere lo primero pensando en la seguridad y la fortaleza del Estado. Si se elige tratar de ser amado, el riesgo de rebelión aumentará.

No se debe olvidar que no todas las personas reaccionan a los mismos impulsos y estímulos. Mientras que unas lo harán por convencimiento, otras lo harán por amor. Pero también habrá quien tan solo reaccione ante el temor, por el miedo al castigo. Sin olvidar que lo más habitual es reaccionar por una combinación de convencimiento, amor y temor. Como decía Mazarino: «Si aumentas las recompensas tanto como los castigos, te ganarás más la fidelidad de esas personas gracias a una mezcla de amor y de temor». El príncipe, el líder, debe conocer qué procedimiento emplear con cada persona en concreto, dependiendo también de las circunstancias.

En todo caso, no le falta razón a Maquiavelo cuando argumenta que suele ser más duradero el temor que el amor, pues el amor siempre puede terminar bruscamente, y a veces por motivos que no tienen fácil explicación.

Por otro lado, el exceso de bondad, de ternura, puede ser entendido como un gesto de debilidad, por lo que la persona amada puede ser objeto de ataque con mayor facilidad que la que tiene fama de dura y despótica. El amor, con todo lo que de positivo tiene, no garantiza el apoyo incondicional del que lo recibe. Para ello hace falta que el receptor también posea un alma noble, y sobre todo agradecida, además de que sea consciente del bien que se le otorga.

Ante la dicotomía de considerar al hombre como bueno por naturaleza o bien verlo como un animal domesticado que espera la relajación del poder para asilvestrarse, el príncipe debe considerar a la persona decantándose por la segunda opción. El poder se teme porque se desconocen sus límites. La bondad y el amor son fútiles y no son válidos para gobernar. Si quien temes es magnánimo, lo es porque lo desea. Pero si lo hace alguien a quien amas, nunca considerarás suficiente lo que debe hacer por ti. No es que el príncipe no deba ser amado, sino que el temor hace que ese amor permanezca en la memoria como algo circunstancial, no como algo obligatorio.

Por lo que respecta al temor al castigo, es innegable que, sin el miedo a la repercusión de las propias acciones, los hombres actuarían con gran perversidad y extremo egoísmo, sin piedad para con sus semejantes, en la mayor parte de los casos.

Asimismo, el temor es un poderoso sentimiento que hace que la gente se doblegue y acepte que se le imponga otra voluntad.

No obstante, siempre es mejor tener al lado a personas que nos sean fieles por convicción, persuadidas de que es más beneficioso para ellas, y no por mero temor, aun cuando una cierta dosis sea precisa en ciertos momentos y con determinadas personas.

La era digital quizá ofrece más posibilidades que nunca para alcanzar el propósito de ser temido. Tecnologías como el Big Data, el internet de las cosas y el uso generalizado de aplicaciones o redes sociales han abierto una ventana de oportunidad para materializar algunos de los principios maquiavélicos.

El rencor nunca muere

> «Es un error creer que entre las personas de primera categoría se olvidan las ofensas antiguas gracias a los beneficios recientes».
>
> (CAPÍTULO VII)

Dado que las personas, en especial en algunas culturas, tienden a querer vengarse de las ofensas recibidas, con independencia del tiempo transcurrido y los parabienes y prebendas que hayan recibido, el príncipe siempre debe estar alerta, y no puede fiarse de que los ofendidos se hayan olvidado, aparentemente, de lo sucedido. Intentar colmarlos de beneficios, sobre todo si son inmerecidos o excesivos, a veces solo servirá para avivar la llama de sus ansias de venganza, pues el afectado puede interpretar estos gestos magnánimos como un intento burdo de ocultar aquello que tanto le agravió.

Ante estas situaciones, Maquiavelo aconseja al príncipe hacerse temer, para así evitar la amenaza de venganza, al mostrar con claridad al ofendido que cualquier respuesta se volvería contra él. En otras palabras: se rentabiliza el ser temido, pues se impide la venganza.

De manera indirecta, Maquiavelo ofrece otra lección: que el príncipe debe evitar todo aquello que pueda hacerlo odioso o despreciado. Lo ideal es que busque acercarse lo más posible a su pueblo, que es, precisamente, lo que debe conseguir el líder de nuestros días. El liderazgo moderno, más humanizado que nunca, se debe basar en el convencimiento. Este proceder es más efectivo cuando se trata de movilizar masas y lograr compromisos, pues se evita generar miedo u ofensas. Después de todo, la naturaleza humana prefiere el premio al castigo.

Pensar que las ofensas siempre deben ser vengadas obliga a que el líder tenga permanentemente en la memoria a los que obraron contra él, y también a los que le sirvieron con fidelidad. Pero no porque considere mejores a los que le ayudaron, puesto que su obligación era seguir al líder en su ascenso y servirle, sino porque son los primeros a los que debe considerar verdaderos enemigos a abatir. Nadie que no tenga la fuerza suficiente se atrevería a obrar contra los intereses del príncipe, quien debe, por su parte, esperar al momento propicio para desbancar a sus posibles rivales, esperando el tiempo que sea preciso y fingiendo amistad siempre que sea necesario, mientras prepara su conjura contra ellos.

Ver al otro como mero instrumento, en un caso, y como enemigo irreconciliable, en el otro, son dos formas de relativismo moral y pragmatismo ético.

En los tiempos del Big Data, también se presta atención al aspecto más humano, basado en la comunicación y en los pequeños detalles para detectar las ofensas. Un líder puede movilizar masas y, al mismo tiempo, estar ofendiendo a otros grupos minoritarios. Podría acercarse al modelo de líder tóxico sin apenas darse cuenta. Por eso es tan importante el «Small Data», el detalle que resalta el lado humano, las emociones.

Hagas lo que hagas, te odiarán

> «Resulta llamativo que se incurra en el odio de los hombres tanto por proceder bien como por proceder mal».
>
> (CAPÍTULO XIX)

En no pocas ocasiones, por más que la intención sea hacer el bien, nos vamos a encontrar con personas que nos odien, simplemente por lo que para ellas significamos. Y aunque intentemos a toda costa evitarlo, y hagamos esfuerzos por congraciarnos con ellas, a veces no conseguiremos más que agudizar ese odio.

En ciertos casos, ese odio ante las buenas obras no es más que un reflejo del malestar interior que padece el odiador, de su incapacidad para estar a la altura del odiado, o de conseguir el reconocimiento social que este tiene. O simplemente se trata de envidia, celos profesionales o pura maldad innata.

Como se suele decir: «Al buen vivir y al mal vivir nunca les faltó el qué decir».

Evita el odio del más fuerte

> «En la alternativa de excitar el odio del mayor o del menor número, conviene ganarse el favor del más fuerte».
>
> (CAPÍTULO XIX)

Esta oportuna sentencia da pie a varios análisis. Por un lado, siempre ha sido vital hacer frente a los enemigos, a los odiadores, de uno en uno. Un grave error es enfrentarse a varios de ellos a la vez. La división de esfuerzos no suele dar buenos resultados. Al contrario, la mejor opción es focalizarlos en un único objetivo. Napoleón fue un maestro de esta concentración de esfuerzos.

Obviamente, lo ideal es no tener enemigos, nadie que nos odie. Pero eso es más utópico que otra cosa. Por más que nos esforcemos, por más que pensemos que estamos ayudando al bien general, o al menos no causando ningún mal intencionado a nadie, siempre habrá alguien que nos odie por el mero hecho de ser como somos, por nuestras virtudes o por nuestros éxitos.

Si a pesar de haber intentado impedir el rechazo del grupo o del pueblo, el odio ha llegado, en su guía de actuación y recomendaciones para el líder, Maquiavelo nos transmite una manera de escalar las adversidades a modo de previsión, y de estudiar las alternativas. Si la situación ha derivado en la generación de odio, nos recomienda controlar o graduar de dónde viene y evitar a los más influyentes. Es esa estrategia la que permitirá adaptarse o acometer las medidas necesarias para mitigar el daño.

La otra lección es que, dado que no podemos evitar ser odiados en alguna medida, un objetivo prioritario es intentar congraciarse con el grupo o entidad más poderosa, para evitar su elevada capacidad destructora. No siempre será sencillo, sobre todo si ese grupo piensa que nos podemos convertir en un rival o que le podemos hacer sombra.

El poder puede ser militar, económico o consistir en la influencia sobre el «pueblo», pues no siempre se basa en el peso de la milicia. En cualquier caso, el poder lo tienen aquellos con mayor popularidad y peso específico, y los que cuentan con la mejor y más tupida red de apoyos en el Estado o ciudad. El príncipe no puede evitar el odio; solo debe identificar con quién le beneficia aliarse y a quién evitar.

Evita el odio de las masas

> «Evitando todo lo que le pueda hacer odioso o despreciable».
>
> (CAPÍTULO XIX)

Aunque se pueda someter por la fuerza a las masas, siempre es mejor tenerlas de nuestro lado gracias al miedo o la sugestión. Y sobre todo hay que evitar a toda costa realizar actos que generen un odio innecesario en la población.

El odio de la masa no es malo porque sea el de muchos, sino porque la irracionalidad es instintiva y no es controlable. Autores como los neocontractualistas, John Rawls por ejemplo, establecen que se necesitan nuevos modelos de relaciones sociales y pactos éticos para enfrentarse a las nuevas necesidades de una sociedad colectivista y globalista que se apodera de las acciones sociales.

«Hazlo, pero que yo no me entere»

> «Poco tiene que temer el príncipe de las conjuraciones si su pueblo le quiere, pero no le queda ningún recurso si carece de este apoyo».
>
> «Una de las máximas más importantes para todo príncipe prudente y entendido es tener contento al pueblo y satisfacer a los grandes sin irritarlos con exigencias excesivas».
>
> «Un príncipe, insisto, debe manifestar su aprecio a los grandes, pero cuidando, al mismo tiempo, de no granjearse el aborrecimiento del pueblo».
>
> (CAPÍTULO XIX)

Las herramientas para conseguir el apoyo de los seguidores, o incluso la popularidad, han ido variando y aumentando a lo largo de la historia. Nunca han existido tantas maneras y tan efectivas de influir en la población.

El odio, o simplemente provocar rechazo en los ciudadanos, no es una buena táctica para ningún gobernante. Se debe intentar mantener contento al pueblo y delegar aquellas responsabilidades que tengan menos aceptación popular. Esta visión se ha mantenido constante de forma general como manera de gobernar.

Como argumentaban los clásicos, es siempre preferible que todo lo favorable sea imputado a uno mismo, mientras que las tareas que exigen grandes esfuerzos, sin aportar ni dinero ni gloria, todo lo desagradable, lo odioso, sean gestionadas por otros.

El equilibrio del mando hace que el príncipe siempre intente ponerse de perfil, derivar las responsabilidades hacia los que lo rodean y excusarse argumentando que «no le aconsejaron bien». Su voluntad, proclamará, siempre fue la de favorecer al pueblo y ser justo, pero los miembros de su «consejo» (ahora serían también los servicios de inteligencia) no le proporcionaron la información necesaria o pertinente. Por tanto, su juicio no está nublado y tampoco es responsable. Es tan víctima como el «pueblo», por lo que una purga o reprimenda pública a los presuntos implicados será suficiente.

Este proceder, propio de las épocas de la Roma imperial, e incluso desde la época de la República, hizo que siempre los grandes lucharan por los favores «del que manda», y que permanecieran desunidos, ejerciendo contrapesos dentro de la corte. Por su parte, el príncipe se limitará a administrar con serenidad los favores, haciéndolos oscilar entre los diversos bandos. En la conjura de los Tarquinos y sus efectos vemos perfectamente reflejado este caso y proceder. Hoy en día, la situación no es muy diferente en los círculos de poder.

La mejor fortaleza es el afecto

«No existe mejor fortaleza que el afecto del pueblo».

(CAPÍTULO XX)

Emociones como el miedo o el odio nos alejan de la necesaria racionalidad y, por lo tanto, Maquiavelo hace bien en recomendar que se evite a toda costa que nos odien.

Si recurrimos a la psicología positiva, existen estudios acerca de las fortalezas que conducen al ser humano al bienestar, algo que también deberá tener en cuenta el líder. Los prestigiosos Martin Seligman y Christopher Peterson han conseguido clasificarlas, llegando a identificar veinticuatro, y las han distribuido temáticamente en seis categorías o virtudes: sabiduría o conocimiento, coraje, humanidad, justicia, templanza y trascendencia. Aunque hay muchos términos intermedios cada persona tiene su propio mapa de virtudes y fortalezas. La capacidad de ser amado (una versión más suave de no ser odiado) está entre ellas.

Obviamente, no ser odiado es una garantía de seguridad, personal e institucional. Pero nunca es fácil conseguirlo, pues el poder, por su propia naturaleza, siempre genera odios y envidias, que en muchos casos son irracionales.

La mayor riqueza de un príncipe, sobre todo hasta el siglo XX, radicaba en las masas que le seguían o que podía movilizar. Las revoluciones nunca triunfan si el príncipe cuenta con el pueblo. La nobleza no puede subvertir el Estado si el príncipe mantiene contacto con el pueblo. Y ante la amenaza, real o no, contra él, puede refugiarse en la trinchera del pueblo. Hay quien dice que la guerra de independencia de España contra la invasión napoleónica, aparte de ser la primera prueba de guerra híbrida, es el ejemplo de una revuelta popular que se convirtió en fuerza militar.

El esencial apoyo popular

> «Un príncipe, aunque disponga del ejército más poderoso, siempre necesita el favor y la benevolencia de los habitantes».
>
> (CAPÍTULO III)

Cuando se pretende facilitar la labor del príncipe o líder, es necesario contar con el apoyo de la población para poder afrontar cualquier conflicto o dificultad que se presente.

Este enfoque no es nuevo y sigue siendo útil y fácil de aceptar. Es una premisa que ha permanecido desde el tiempo de las conquistas militares, e ignorarla ha provocado innumerables sufrimientos.

Recientemente, esta idea ha provocado grandes cambios en las estrategias militares y políticas. Así, y aunque no se trata de una conquista en el sentido literal, en los conflictos modernos de Afganistán e Irak se vivió un punto de inflexión con la denominada «doctrina Petraeus», llamada así por el general David Petraeus, quien, después de ser el mando militar superior estadounidense en ambos países, terminó ejerciendo de director de la CIA. En la doctrina Petraeus se recuperaba el espíritu de las luchas de contrainsurgencia y se señalaba a la población local como el centro de gravedad de las operaciones. Esta doctrina tenía como referencia la obra del oficial francés David Galula, quien aseguraba que las acciones de contrainsurgencia tenían como esencia la búsqueda de la lealtad de la población local, concepto conocido como «ganar corazones y mentes». No es nuevo, pero a veces se nos olvida. De hecho, ya François de Callières consideraba imprescindible «ganar los corazones y la voluntad de los hombres».

Esto va más allá del ámbito militar. Es también un concepto básico en las organizaciones modernas desde comienzos del siglo XXI, que buscan conectar con el elemento humano. De este modo, se ha pasado a promover un modelo centrado en las personas, tanto el cliente como el trabajador (e incluso el conjunto de la sociedad) antes que en el producto en sí. Esta nueva cultura organizacional, que pone su foco en la persona, intenta contribuir a construir una sociedad más humana, solidaria y sostenible. En definitiva, en este mundo global e hiperconectado hay que contar con «el apoyo de sus habitantes».

Solo el respaldo de la sociedad hace posible la «invasión», ya sea pacífica o violenta. La conquista solo será exitosa cuando exista una masa crítica dentro de ese país o región favorable a la invasión, ya sea cultural o militar. Un ejemplo es el fracaso de la invasión napoleónica de España, por enfrentarse a una población que tenía muy arraigado su sentimiento de identidad. Es una situación muy semejante a la conquista y pérdida de Milán de la que nos habla Maquiavelo, cuando el rey Luis XII de Francia desperdició una situación muy favorable al no intentar ganarse la confianza de los milaneses.

El afecto del pueblo es el arma más poderosa

> «El príncipe necesita ganarse la voluntad del pueblo si quiere contar con algún recurso en la adversidad».
>
> (CAPÍTULO IX)

Por muy poderoso que sea o que se crea un príncipe, todo esfuerzo por hacerse con el afecto y el respeto del pueblo siempre será poco. Estando en comunidad, cualquier escollo puede ser salvado. Con la oposición popular, poco o nada será alcanzado con éxito o sin grandes esfuerzos, y siempre se vivirá con el temor de sufrir una sublevación.

Por eso es tan importante saber ganarse al pueblo. A fin de cuentas, las personas sentimos el mayor respeto hacia aquellos que nos respetan y nos hacen sentir importantes. Como decía Gracián: «La cortesía es el mayor hechizo político de los grandes personajes».

La generosidad crea vínculos

> «Está en la naturaleza de los hombres el sentirse obligados tanto por los beneficios que otorgan como por los que reciben».
>
> (CAPÍTULO X)

Según la psicología social, las personas se sienten obligadas a devolver, de alguna forma, lo que antes se les ha dado. La neurociencia nos habla de la ley de la reciprocidad como parte de las dinámicas entre equipos. Se podría sintetizar del siguiente modo: la manera más rápida de lograr el éxito consiste en apoyar a otros a conseguirlo. Es la mentalidad colaborativa, la magia de la generosidad. Nos sentimos obligados a hacer algo por las personas que nos han ayudado: el subconsciente nos influye.

Cuando alguien está en deuda con una institución es más fácil que le sea fiel. Seguir a una figura abstracta, que cada uno imagina a su manera, es más fácil que personalizarla, ya que al humanizar la institución también se le atribuyen inconscientemente costumbres y vicios humanos.

Cuando México tuvo la desgracia de sufrir un terremoto en 1985, uno de los primeros países en reaccionar fue Etiopía, algo que sorprendió a la comunidad internacional, pero que se explicaba (al menos en parte) porque en 1935 el país africano había recibido ayuda de México cuando fue invadido por Italia, en plena época expansionista europea en África. Otro ejemplo es el de Irán, que no dudó en apoyar a Siria en su reciente conflicto interno, pues no había olvidado que, durante la guerra que mantuvo con Irak en los años 80, este país siempre se mantuvo a su lado.

Maquiavelo, como se ve, intuía en la naturaleza humana ese impulso que nos lleva a actuar desde nuestro inconsciente, la reciprocidad, que ayuda a consolidar las relaciones entre personas e incluso entre Estados.

Evitar el menosprecio y ganarse el respeto

> «El príncipe debe protegerse con cuidado de todo aquello que pudiera hacer que lo aborrezcan o lo menosprecien».
>
> (CAPÍTULO XIX)

Entre las cualidades que se deben tener en cuenta para consolidar al príncipe, Maquiavelo destaca la importancia de evitar el desprecio y el odio. No opinaba lo mismo Napoleón, quien, además de no temer el desprecio, estaba convencido de que por sus actos acabaría siendo admirado.

En todo caso, tan importante es no realizar actos que generen un odio innecesario como mantener la suficiente dignidad pública que evite ser despreciado. Para lograrlo es esencial comenzar por respetarse a uno mismo y al puesto que se representa. El siguiente paso es hacerse respetar, y siempre será mejor por el convencimiento, por el ascendiente que da el conocimiento y por la maestría en el desempeño del cargo, antes que por la imposición forzada.

No confundas el aprecio con la adulación

> «Los hombres tienen tanto amor propio y tan buena opinión de sí mismos, que es muy difícil protegerse del contagio de los aduladores».
>
> (CAPÍTULO XXIII)

Dale Carnegie diferencia entre el aprecio y la adulación. El primero es sincero y la segunda no lo es. El aprecio procede del corazón y la adulación, de la boca. El líder busca el aprecio, por su acción, por sus decisiones, por su ejemplo. Ni siquiera los grandes líderes pretenden complacer a todo el mundo.

Memento Mori, decían los romanos a los generales y emperadores cuando entraban en la Via Apia tras una campaña triunfante: «Recuerda que eres mortal». El regocijo y la soberbia por lo logrado hacen que seamos vulnerables ante la borrachera del éxito. Todos escondemos algún interés cuando hablamos con el príncipe, y este debe tener capacidad de discernir quién dice qué y por qué. Ahora se les llama consejeros o asesores. No dicen lo que deben, sino lo que les asegura su puesto o agrada a los oídos del príncipe. Si el líder no controla este aspecto, la vanidad le hará caer en desgracia en breve porque no podrá actuar sin alabanzas y buscará el premio haciendo caso a los aduladores, que se convierten así en un gobierno en la sombra.

Otro aspecto para no engañarse y que se fomenta en la actualidad es el sentido crítico, que implica una actitud firme y ser difícil de complacer, en el sentido de desarrollar la tarea. Lo que es cierto es que a todo el mundo le gusta ser halagado, incluso a los que dicen lo contrario, pues bastaría con lisonjearles alabando su falta de necesidad de ser elogiados para que se dejaran seducir por el agasajo verbal. Mazarino no dudaba: «Si el elogio es exageradamente halagador, ten por seguro que estás tratando con un hipócrita».

En todo caso, es más fácil de lo que parece caer en la trampa de la adulación, sobre todo si el que la lleva a cabo lo hace de modo sibilino, con gran astucia. De lo que no cabe duda es de que hay que saber identificar a los aduladores, para no caer en la tentación de pensar que sus palabras son ciertas y que todo lo que realizamos lo hacemos bien. Solamente las personas que nos critiquen con sinceridad nos permitirán perfeccionarnos, algo que todos necesitamos, cada uno de los días del año.

Ya Plutarco nos avisaba: «La adulación no acompaña a las personas pobres, anónimas y débiles, sino que es traspié e infortunio de grandes casas y grandes asuntos». También alertaba sobre el daño que provocan los aduladores, pues «los que alaban con mentira y sin merecerlo a un hombre lo hacen soberbio y lo destruyen». Por eso también nos decía que «los afortunados necesitan de amigos que les hablen con franqueza y reduzcan el orgullo de su mente». Después de todo, es bien sabido que si consigues que una persona se crea el centro del mundo, el ser más importante del universo, alguien excepcional, estará en tus manos.

Hablando de adular, otra gran certeza es que, si siempre adulas a todos, nunca te adularás a ti mismo.

Coge buena fama y échate a dormir

> «Temerá menos al enemigo exterior, que no acudirá por su propia voluntad a atacar a un príncipe al que sus vasallos respetan».
>
> (CAPÍTULO XIX)

Como suele decirse: «Coge buena fama y échate a dormir; coge mala fama y échate a pedir». Muchos estudios sociológicos demuestran que tener buena fama, ser estimado y apreciado hace que, incluso cuando se cometen atropellos y desmanes, estos sean vistos con buenos ojos, o al menos que no sean tan criticados.

La importancia del prestigio o estima ayuda a blindarse ante ataques, si bien queda por definir en qué basa la persona su prestigio o poder. Todo lo contrario le sucede al que es precedido por la mala fama, pues ninguna falta, por leve que sea, le será perdonada. De lo que no cabe duda es de que la buena fama ayuda a triunfar en las decisiones que se adoptan.

Como forma de adquirir prestigio ante el pueblo o las tropas, Mazarino recomendaba: «Pase lo que pase, oculta tu cólera: un solo acceso de violencia perjudica más a tu reputación de lo que puedan beneficiarla todas tus virtudes».

También la frase «más vale un gramo de apariencia que un kilo de sabiduría» es aplicable en este caso. Se valora el «efecto halo», aquel que rodea a la gente que, por el motivo que sea, está encumbrada o que goza de reputación, incluso aunque haya adquirido ese prestigio de manera fugaz y merced a modas pasajeras. A esas personas se les permite casi todo y sus palabras ejercen de «talismán», como si tuvieran la capacidad de conjurar la verdad y la certeza con su verbo. Esta capacidad solo esconde un problema. En el momento en que pierde o queda debilitada su fuerza política, económica o ejecutiva (como la militar), o bien salte un «error» en un momento preciso en el que la población es sensible a esa circunstancia, entonces, en cascada, todo el mundo, la masa, hablará como uno solo contra él. Y los mismos que «toleraron» en el pasado ciertas acciones, ahora, refugiándose y animándose en el número, serán los primeros en denunciar sus actos como punibles, y no cejarán en pedir la cabeza del antes idolatrado.

Hacer el bien no siempre compensa

> «Quien quiera ser bueno con quienes no lo son tarde o temprano sin duda perecerá».
>
> (CAPÍTULO XV)

La idea es que hacer el bien de forma constante no siempre compensa. Aunque haya que tender a ello, debe recordarse que a veces la bondad no es bien entendida. Ejercida en ciertos ámbitos puede ser considerada como signo de debilidad; y siempre habrá quien, movido por valores muy diferentes a los nuestros, trate de aprovecharse de ello.

El príncipe es caritativo no porque sea débil, sino precisamente porque puede serlo o no serlo a voluntad.

Respetarse a sí mismo y respetar a los demás

> «El príncipe debe cuidar no ofender de manera grave a los que están cerca de él».
>
> (CAPÍTULO XIX)

El respeto considerado como un valor. Eso es lo que nos permite aceptar, entender y valorar al prójimo, reconociendo los derechos de los individuos y de la sociedad.

El respeto ha sido entendido como valor porque es un facilitador de la convivencia en el seno de las sociedades. El problema es que a veces no son muy claras las interpretaciones de lo que es una falta de respeto. Aquí entraríamos en los aspectos culturales, al menos en las sociedades que promueven los derechos y las diferencias individuales y que se alejan de las más homogéneas del pasado.

A medida que la sociedad se abre, desaparecen esas faltas de respeto tan rígidas. Todo se difumina más y depende del criterio de cada uno: somos más libres y la subjetividad cuenta mucho, y no es tan fácil determinar qué es no respetar a los otros.

En todo caso, volvemos a uno de los principios fundamentales de la convivencia en sociedad: respetarse a sí mismo, respetar a los demás y exigir ser respetado. En este sentido, Baltasar Gracián recomendaba: «Nunca perderse el respeto a sí mismo».

Todo esto se magnifica cuando se trata de no ofender, de respetar a las personas que nos son más próximas, con las que tenemos un trato más cercano, casi íntimo, como pueden ser nuestros colaboradores más próximos o el personal a nuestro servicio directo. Nada es más grato que estar rodeado de personas que están a gusto con nuestra presencia, a las que sabemos valorar y a quienes damos un trato digno y humano. Eso no implica fraternizar en exceso ni tomarse confianzas indebidas. Aunque cada uno ocupe su puesto, hay que tratar a todo el mundo como si al día siguiente los papeles se fueran a invertir.

De lo que no hay duda es de que, cuando das la espalda, debes estar seguro de a quién tienes detrás. La cólera y la injusticia, como la debilidad, no deben ser percibidos por los que te rodean. También es recomendable ser magnánimo y apoyar en privado las decisiones de los que te sirven, compensándolos por los agravios involuntarios que se les haga en público, para no mostrar favoritismos. Las tres líneas que no hay que sobrepasar son siempre las mismas: el honor, la hacienda y el linaje. O dicho en lenguaje actual, el poder ejecutivo, la capacidad financiera y los intereses creados.

También se dice que hay que felicitar en público y reprender en privado, sobre todo lo último para evitar el odio del subordinado amonestado delante de los demás.

5

ABUSO, AVARICIA Y GENEROSIDAD

Un líder generoso puede ganarse la admiración de sus súbditos, pero solo temporalmente, pues al final estará gastando el dinero ajeno. Por este motivo, Maquiavelo cree que es mejor tener fama de tacaño que de dadivoso o corrupto. También debe evitar los abusos y las humillaciones innecesarias sobre sus ciudadanos.

El poder del dinero

> «El demasiado liberal no lo será largo tiempo: se quedará pobre y será despreciado».
>
> (CAPÍTULO XVI)

Maquiavelo asocia en varias ocasiones el aspecto económico (la riqueza) con el prestigio (la estima). Si bien en el siglo XXI esta valoración no ha perdido vigencia, ni mucho menos, se ha complementado con otras características que los seguidores buscan en un líder, como el ejemplo, el conocimiento, la actitud y la honradez.

En la actualidad se aprecia la ética del dirigente por encima de aspectos materiales como lo económico. De lo contrario, los seguidores no le harán líder.

No obstante, como dice el poema de Quevedo, «poderoso caballero es don dinero», por lo que una persona que haya sido muy adinerada, una vez perdida la fortuna, lo más seguro es que descubra que la inmensa mayoría de los que consideraba como amigos se esfuman, y no logre mantener el respeto y la pleitesía que se le rendía en ciertos ambientes. Como apunta Baltasar Gracián: «Confiar los amigos de hoy como enemigos de mañana, y los peores».

Solo cuando la fortuna y la suerte acompañan al gobernante se genera ese halo de magnetismo que hace que todos lo adulen y acompañen. Pero si cae en desgracia o pierde el poder o, peor aún, si se le ve indeciso en la toma de decisiones, entonces el vulgo le abandonará, porque no hay nada más etéreo y fútil que la alabanza y la estima interesada. El príncipe debe advertir quién le apoyará durante toda su carrera, para no solo saber quién estará con él en las horas bajas, sino quién le estima solo por su poder. Así conocerá en las horas de gloria quién es de confianza y quién no.

Eso sí, a la hora de hacer la guerra, el dinero es la clave. Como decía Napoleón: «La guerra se hace con tres cosas: dinero, dinero y dinero».

Disparar con pólvora ajena

> «Un príncipe que desea que su liberalidad sea elogiada no repara en ninguna clase de gastos, y para mantener esa reputación, después suele verse obligado a cargar de impuestos a sus vasallos y a echar mano de todos los recursos fiscales».
>
> (CAPÍTULO XVI)

Al dar estos consejos económicos, aunque Maquiavelo muestra un relativismo moral, también mantiene la idea del poder como única referencia, así como la necesidad de evitar generar odio. En la época actual, el liderazgo basado en principios se consolida más; un liderazgo ético, aumentado por los efectos de la «transparencia» y con un pueblo que cada vez demanda más información sobre los puestos públicos.

Por triste que parezca, este principio de gastar lo de los demás parecen haberlo entendido muy bien algunos de los dirigentes políticos actuales, pues no dudan ni un segundo a la hora de dilapidar los fondos públicos conseguidos gracias a los impuestos pagados por el pueblo. Como suele decirse: ¡qué fácil es disparar con pólvora del rey! Además, saben que prácticamente nunca se les va a pedir responsabilidades, y mucho menos que tengan que responder con su propio patrimonio a los desmanes económicos cometidos.

De este modo, se realizan todo tipo de gastos superfluos e innecesarios, y en no pocas ocasiones tan solo motivados por la filiación ideológica del líder, pero alejados de las necesidades reales de los administrados. Lo curioso es que, como dice Maquiavelo, los mayores desmanes siempre encuentran quien los defienda, incluso con vehemencia. Así, es fácil mostrarse generoso cuando se trata de gastos cuyo coste no sale del bolsillo propio. Algunos políticos lo han aprendido demasiado bien.

Más vale pasar por avaricioso que por inútil

> «No debe inquietarse porque se le tenga por avaricioso, puesto que, en este erróneamente llamado vicio, se sostienen la estabilidad y la prosperidad de su gobierno».
>
> (CAPÍTULO XVI)

El buen gobernante es aquel que sabe preservar la riqueza de su reino y también cómo acrecentarla. En la mentalidad de la época de Maquiavelo, los créditos y las empresas en las que se embarcaban los reinos se hacían en virtud de lo acumulado, no de lo arriesgado. Su consejo es que el príncipe no debe preocuparse por la fama de avaro, siempre que eso sirva para acrecentar la riqueza del Estado y, por tanto, beneficiar al pueblo. Obviamente, siempre que no se lleve tan al extremo que se realicen acciones que terminen por perjudicar el prestigio del príncipe.

El concepto de la «fama» ha cambiado mucho con los efectos de la era digital. Hoy se está más preocupado por el perfil virtual, por los contactos de las redes sociales o por los *likes*. Pero esa fama «digital» es muy volátil y, para el liderazgo auténtico, dar ejemplo sigue siendo el factor más determinante y que más influirá en el prestigio. El entorno digital se plantea como un complemento, no como un escaparate único.

Lo cierto es que la fama digital importa mucho y llega a obsesionar, especialmente a los más jóvenes. También es cierto que si nadie habla mal de ti, es que no eres importante. La difamación injusta va con el cargo.

Nunca abusar del poder

> «Para no ser aborrecido le basta con respetar las propiedades de sus súbditos y el honor de sus mujeres».
>
> «Antes olvidan los hombres la muerte de sus parientes que la pérdida de su patrimonio».
>
> (CAPÍTULO XVII)

Maquiavelo nos dice que, para ser justos, hay que respetar a las personas: su vida y su hacienda. Pero también hay que cuidar otros aspectos, intangibles pero esenciales, como son el honor o la dignidad. Asimismo, es fundamental conocer y respetar la cultura del pueblo, sus creencias y normas ancestrales, para no ofender de manera innecesaria ni ganarse enemigos por pura ignorancia.

En cuanto al patrimonio, la referencia es clara a los abusos que el pueblo ha sufrido a lo largo de la historia con todo tipo de gravámenes, tasas e impuestos. Si bien son necesarios para el debido funcionamiento de la sociedad, en muchos casos llegan a ser excesivos, fruto de decisiones caprichosas de los gobernantes; y además son gastados con indecente alegría sin que beneficien a los ciudadanos. De ahí que Maquiavelo recuerde el dolor que provoca en una persona sencilla verse despojada de su patrimonio, conseguido con arduos esfuerzos y quizá durante generaciones, por el simple capricho del príncipe.

La combinación de astucia, prudencia y un buen plan de análisis de las necesidades de sus súbditos emula la frase de Calderón cuando, en una de sus obras, *El alcalde de Zalamea*, dice: «Al Rey la vida y la hacienda se ha de dar, pero el honor es patrimonio del alma, y el alma solo es de Dios».

El príncipe debe, por tanto, salvaguardar la honra de sus súbditos y su patrimonio. Si se comete latrocinio en cualquiera de las dos áreas, el odio y el rencor serán constantes en la población. La prosperidad y la honra son los dos pilares que una sociedad moderna tiene para progresar; es decir, la propiedad y el derecho a la intimidad y a la privacidad. El líder que comprenda que estas son las dos fuerzas que cohesionan y sirven al bien común estará pasando de la Edad Media al contexto actual, y así consolidará su poder.

Las malas costumbres son difíciles de cambiar

> «El príncipe encuentra muchas razones para hacerse con los bienes ajenos si se propone vivir de la rapiña».
>
> (CAPÍTULO XVII)

No cabe duda de que la persona que se acostumbra a vivir sin trabajar, a obtener sus recursos mediante la delincuencia, aprovechándose de los demás o del propio Estado, tiene muy difícil reencontrar el orden en su vida. Un trabajo normal no le satisfará en lo personal ni le proporcionará los recursos mínimos necesarios para el ritmo de vida al que se ha acostumbrado.

Por ello, el árbol se debe enderezar cuando es joven y tierno. Una vez que ha enraizado en las malas costumbres, no habrá prácticamente posibilidad de que su trayectoria sea recta.

Evitar las ofensas innecesarias

> «Nada hace tan odioso a un príncipe como que viole el derecho de propiedad y que tenga poco miramiento con el honor de las mujeres de sus súbditos, que estarán, de no ser por esto, siempre contentos con él».
>
> (CAPÍTULO XIX)

Maquiavelo daba mucha importancia a la naturaleza vengativa del hombre, y recomendaba no dar motivos para despertar el odio ni alentar acciones contrarias. Es siempre preferible que las acciones provoquen el reconocimiento de la grandeza, el valor, la prudencia y la fortaleza, aspectos positivos que favorecen el prestigio del líder.

Además de los bienes materiales, las personas son muy celosas de otros intangibles, como el honor, la dignidad o el respeto. Hay que ser muy cuidadoso para no ofender innecesariamente a nadie.

6

¿EL FIN JUSTIFICA LOS MEDIOS?

Aunque las ideas de Maquiavelo han sido malinterpretadas muy a menudo, no cabe duda de que en algunos de los capítulos y sentencias de *El príncipe* se puede encontrar ese aroma maquiavélico, esa idea de que todo es válido con tal de alcanzar el poder y mantenerlo. Sin embargo, también debemos saber leer entre líneas y buscar lo que de razonable pueda haber en algunas de sus ideas más aparentemente crueles.

Gánatelos o acaba con ellos

> «Nunca debe olvidarse que es indispensable ganarse a los hombres o aniquilarlos».
>
> (CAPÍTULO III)

Nos enfrentamos aquí al clásico dilema de si es mejor ser amado o ser temido, si quien no está conmigo entonces está contra mí y, por lo tanto, debe ser destruido. Maquiavelo también aborda la disyuntiva entre atraerse a las personas mediante prebendas o bien, si no se consigue que se pongan de nuestro lado por medios amables, acabar con ellas.

A lo largo de su obra, el autor florentino parece mostrar su preferencia por ser temido, incluso no le preocupa que con este comportamiento el príncipe gane fama de cruel. En su opinión, la crueldad es un medio más seguro y rentable para consolidar el Estado, ya que a los súbditos les da menos miedo atacar a quien se hace amar que a quien se hace temer.

En la actualidad, los países que aceptan la dicotomía de «favorecer o destruir» tienen gobiernos autoritarios, o son Estados fallidos, pero a pesar de ello, este método les proporciona el respaldo suficiente para mantenerse en el poder sin contar con la opinión de la sociedad en su conjunto.

Desde un punto de vista más amplio, premiar y castigar son parte de las técnicas de liderazgo. Sin necesidad de llegar a destruir, es decir, suavizando la postura de Maquiavelo, la aplicación clásica del palo y la zanahoria es una forma de fomentar la automotivación, siempre y cuando se lleve a cabo correctamente.

Hay que tener en cuenta que toda persona necesita ser valorada. Los seres humanos quieren sentirse útiles, o al menos que se cuente con ellos. Cuando no sucede así, se genera una resistencia cada vez mayor, hasta que el rechazo se convierte en agresión, y la agresión en subversión. En consecuencia, el «chantaje emocional» al que se somete a una persona para ganarse sus favores tiene que mantenerse de forma constante (aunque cambie la «forma»). Es una buena manera de garantizar su *alineamiento*, asegurarse su fidelidad y, sobre todo, nos evita el «tener que mirar una y otra vez a nuestras espaldas». Si esto no funciona, si el chantaje emocional y la manipulación social o personal no dan sus frutos, tendremos un enemigo dentro y, por tanto, una amenaza que esperará cualquier distracción nuestra para atacarnos.

La esperable y temida venganza

> «Cualquier daño que se hace a los hombres debe ser tal que no se pueda temer una venganza».
>
> (CAPÍTULO III)

La idea «maquiavélica» de evitar las posibles venganzas puede entenderse al menos de dos maneras: o bien actuar con contundencia para erradicar el problema de raíz, o bien ofender tan solo cuando no se teman posibles venganzas.

El estilo tradicional de resolución de conflictos consiste en exigir al otro que se comporte de una determinada manera, amenazándolo con que, si no cambia de actitud, nosotros le obligaremos a hacerlo. En consecuencia, si le ofendemos y no conseguimos doblegarlo, sin duda buscará la forma de vengarse.

En las últimas décadas se han llevado a cabo muchos estudios que han dado origen a la creación de una auténtica ciencia de la negociación, que se ha demostrado muy rentable en la política moderna. Incluso tenemos las populares soluciones *win-win* («tú ganas y yo gano») que son más o menos resolutivas según el caso, pero que tienen la ventaja de no centrarse en la venganza o en el revanchismo.

La única forma de cambiar o hacer que alguien cambie mediante nuestras críticas es hacerlo de manera al mismo tiempo asertiva y empática; es decir, pensar en cómo esa persona necesita que se le digan las cosas para que nos entienda y las acepte. Se trata de un proceso de manipulación, por supuesto, pero en el que el destinatario cree que tiene el control, cuando en realidad somos nosotros quienes mantenemos tal control. La empatía consiste en ponerse en el lugar del otro conociendo los intereses que tiene y satisfaciéndolos, al menos desde el punto de vista intelectual. En cuanto a la asertividad, consiste en fortalecer nuestra posición pero de forma no agresiva. Usando la empatía y la asertividad de forma combinada lograremos «influir sin ofender».

El arte de la negociación ha evolucionado y seguirá haciéndolo, aunque, por otro lado, la venganza entendida como castigo o como revancha por el daño causado también ha aumentado sus vías y medios. La ciencia y la tecnología la han revolucionado, porque la era de la información a golpe de clic proporciona mucho poder a quien sabe emplearlo, también para ofender o agraviar a su enemigo. Los métodos que hoy en día tenemos a nuestra disposición para ejercer la venganza y la ofensa ya no se limitan al mundo físico, pues se han multiplicado en el mundo virtual e hiperconectado. Evitar cualquier riesgo de «venganza» se hace cada vez más difícil.

Por otra parte, hay que señalar que la venganza ha sido y es uno de los pilares de muchas sociedades; hasta el punto de que, cuando se ofende gravemente a uno de sus integrantes, este o sus familiares y descendientes están obligados a vengarse, incluso muchos años después. Es algo a tener muy en cuenta cuando se ofende a alguien, pues no todas las personas reaccionan según los mismos valores que nosotros. En ciertos contextos, la venganza se convierte en inevitable una vez que la ofensa se ha producido, incluso si ha sido involuntaria.

O conmigo o contra mí

> «[Debe] destruir a todos los que puedan causarle algún mal».
>
> (CAPÍTULO VII)

La lección que nos ofrece Maquiavelo es radical: o estás conmigo o estás contra mí. Y, por encima de todo, se trata de ganar siempre la partida, caiga quien caiga, haciendo lo que sea preciso, de la manera más eficaz en cada caso.

Conmigo o contra mí. En un modelo autocrático como el que propugna el autor, no existe punto intermedio entre estar a favor o en contra del gobernante. No se permite el disenso o la crítica fuera de los cauces establecidos y controlados por el sistema. El ciudadano es tan solo un eterno menor subsidiado y su margen para valorar o discrepar es muy reducido. Aquellos que, por lo que sea, no estén alineados con el poder, los críticos, los disidentes y cualquiera que ponga en duda el liderazgo, deben ser enajenados de su ciudadanía y, por tanto, eliminados o expulsados del territorio.

Esto se observa con frecuencia en el mundo de la política, incluso en regímenes democráticos que presumen de avanzados. En especial, en grupos políticos muy fanatizados ideológicamente que no aceptan la menor contradicción a sus postulados, por más que (de manera hipócrita) presuman de tolerancia y propugnen una total libertad de expresión, la cual solo permiten si coincide con su pensamiento extremista.

La razón de Estado lo justifica todo

> «Se puede llamar crueldad bien empleada a la que se ejerce una sola vez, porque se necesita para consolidar el poder, o cuando tan solo se ejercen medios violentos para servir al pueblo. Las crueldades mal empleadas son aquellas que, aunque de poca importancia al principio, después van aumentando, en vez de ponerles fin».
>
> (CAPÍTULO VIII)

Entre los aspectos que definen el estilo «maquiavélico» y que alientan la idea de que «el fin justifica los medios», encontramos el empleo de la crueldad e incluso del delito y la transgresión de las leyes, que se aceptarán siempre que resulten útiles para alcanzar los objetivos.

Este es un aspecto muy controvertido, pues nadie debería hacer uso de estas malas artes, ni siquiera desde las posiciones de mayor poder, para conseguir fin alguno. Sin embargo, la historia nos demuestra que han sido muchos los gobiernos que han cometido todo tipo de crueldades, arbitrariedades y delitos, acciones que ellos mismos habrían considerado como tales, justificándose con la «razón de Estado». Lo mismo hacen grupos políticos o ideológicos que aspiran a alcanzar el poder y que recurren a prácticas delictivas para conseguir fondos que les permitan continuar con sus planes, ya se trate del tráfico de alcohol, el narcotráfico, el proxenetismo o el sicariato.

Maquiavelo, al menos, pone un freno a su empleo y recomienda limitarlos, para evitar que aumenten o se perpetúen en el tiempo.

Pensar que, recurriendo a la razón de Estado o a la pervivencia del sistema, cualquier exceso posible supone una forma de justificar que los medios no importan, que para alcanzar el fin todo vale.

Otro asunto que podemos plantearnos es la definición de crueldad y delito, y qué actos se consideran excesivos. Lo cierto es que, a medida que la sociedad ha ido evolucionando, también lo ha hecho la interpretación de estos conceptos. Baste recordar que el esclavismo estuvo legalizado durante siglos.

Por otro lado, el momento transformador que vivimos nos muestra que la tipología de los delitos cambia, y cada vez más deprisa, y que surgen nuevas modalidades, hasta hace poco desconocidas. El mundo virtual se caracteriza por evolucionar más rápidamente que el marco normativo, lo que está facilitando nuevos tipos de delitos y dificultando su control. No cabe duda de que en el ciberespacio también se pueden cometer graves crueldades, con un potente efecto, en ocasiones devastador, sobre la vida de las personas afectadas.

Respetar la palabra dada

> «La experiencia del tiempo presente nos demuestra que, entre los que más se han distinguido por sus hazañas y éxitos, muy pocos han hecho caso de la buena fe o se han privado de engañar a otros cuando les resultaba ventajoso y podían hacerlo con impunidad».
>
> (CAPÍTULO XVIII)

No dar importancia a la palabra dada sí que lo podemos considerar maquiavelismo en su esencia. Es puro cinismo, ya que desprecia una norma social considerada por muchos como sagrada. Y, por supuesto, no se trata del mejor ejemplo de honradez. De ser descubierta la felonía, el descrédito puede ser total y permanente. Eso sí, siempre que no se cumpla la segunda parte del consejo y el príncipe sea tan buen embaucador que sepa redirigir la maldad, y hacérsela perdonar y olvidar con presteza.

Lamentablemente, vemos que esto es algo que siguen aplicando algunos de nuestros líderes políticos actuales, para los que la palabra dada no tiene la mayor trascendencia, e incluso encuentran argumentos para justificarlo. Después de todo, aplican la máxima de que rectificar es propio de políticos, más que de sabios, por lo que no le dan la menor importancia a incumplir sus promesas.

En cuanto a la manipulación, estamos hablando de maneras de influir sobre los seguidores para conseguir nuestros propósitos, si bien Maquiavelo no tiene en cuenta el lado ético o moral del liderazgo. Los objetivos del príncipe son prioritarios y, muchas veces amparado en el engaño y las falsas promesas, logra que el pueblo se distraiga hasta disponer de suficiente fuerza para cambiar las normas o las leyes a su conveniencia.

Hoy en día, la coherencia entre lo que se dice y lo que se hace se considera un valor relacionado con el ejemplo, y, en consecuencia, es un aspecto demandado a los que conducen, a los líderes.

Además, entre los efectos de la tecnología está la cultura del dato y de la digitalización, que hacen más fácil que nunca que uno tenga un pasado «digital» y se pueda comprobar esa coherencia, o la falta de ella.

En la victoria se perdona (casi) todo

> «Si lo que importa es superar todas las dificultades para mantener su autoridad, los medios, sean los que sean, parecerán siempre honrosos y no faltará quien los elogie. Este mundo se compone del vulgo, que se deja llevar por las apariencias y solo atiende al éxito, y de unos pocos que poseen un ingenio perspicaz pero que no revelan lo que perciben, excepto cuando los demás que carecen de ese ingenio no saben a qué atenerse».
>
> (CAPÍTULO XVIII)

La importancia de la victoria por encima de todo. La derrota no se perdona: no la perdona el pueblo. La victoria siempre es vista con buenos ojos, y pronto se olvidan los malos tratos infligidos o soportados, así como las penurias pasadas.

Si le llega el éxito al príncipe, nadie cuestionará los medios que empleó. Si le alcanza la fortuna y la reparte entre el pueblo, nadie preguntará quién perdió.

Los vencedores escriben la historia y así se aseguran de que aparezca narrado lo que ellos desean.

Aunque se quede en lo superficial y no profundice o refleje la realidad, dominar las apariencias es una manera de dar poder a los vencedores sin escrúpulos, quizás más preocupados por la imagen que por cualquier aspecto moral. Vivir en la apariencia, por muy artificial que sea, hace que nadie cuestione el poder o el estado de bienestar logrado. Eso es lo que importa a una población dócil y proclive a la manipulación. El caldo de cultivo perfecto para toda autocracia.

Como decía Gregorio Marañón: «Al que vence se le perdonan los más graves defectos..., y al que fracasa se le niegan hasta las virtudes más notorias».

Sin embargo, hoy no solo los vencedores escriben la historia. Una imagen de métodos atroces puede servir para desacreditar a los vencedores y perder el apoyo de la opinión pública. Por eso debemos luchar por conseguir una geopolítica humana, para que la opinión pública sea precisamente eso: más pública que nunca.

7

MANIPULACIÓN

Siguiendo con la faceta más «maquiavélica» de nuestro autor, encontramos consejos para la manipulación, e incluso para el cinismo, que nos pueden ayudar a aprovechar en nuestro beneficio cualquier crisis.

Más vale pedir perdón que pedir permiso

> «[...] el carácter voluble de los pueblos, que son capaces de aceptar una opinión nueva, pero es difícil que la mantengan».
>
> (CAPÍTULO VI)

Maquiavelo presenta al ser humano, en especial cuando está en grupo, como manejable y fácil de convencer.

En este pasaje sobre la naturaleza humana nos asegura que la persona es mala y que no es fiel. También la identifica como un ser simple, al que es fácil distraer con fiestas y engañar con facilidad, puesto que solo ve las apariencias. En su opinión, no existe la evolución personal en la gran masa de la población, no existe aprendizaje o mejora.

En lo que se refiere a la facilidad para «convencer», hoy en día la gestión de la verdad es más complicada que nunca. En un momento en el que proliferan las mentiras, las noticias falsas o las medias verdades, se hace tremendamente complicado discernir qué es lo que puede ser cierto. El objetivo de esta manipulación de la información no es otro que tratar de convencer a la población, influir sobre ella.

La era de la tecnología de la información, con su difusión masiva y universal, permite, a quien dispone de los medios para ello, manipular a la ciudadanía de forma implacable. Es posible conducir a las personas por derroteros que jamás habrían imaginado y que, a buen seguro, rechazarían de plano si los percibieran con claridad. A base de mensajes insistentes, lanzados por personas y entidades de presunto prestigio, repetidos hasta la saciedad por adláteres y mercenarios, hoy en día se puede convencer al pueblo de casi cualquier cosa. Incluso, y a diferencia de lo que argumenta Maquiavelo, se le pude mantener en esa convicción, empleando para ello otras estratagemas, como la distracción o las prácticas de evasión mental.

Desde siempre las masas han sido fácilmente manipulables mediante recursos emocionales y palabras talismán, aquellas que mueven los sentimientos o que son metáforas de una manera de ver el mundo, como «libertad», «igualdad», «justicia». Sin embargo, precisamente porque no tienen un sustento razonable y carecen de verdaderos principios o argumentos sólidos, es fácil que sean sustituidos por otros recursos que conecten con las nuevas emociones. Como la convicción es siempre tacticista, una nueva estratagema permite cambiar la opinión de la ciudadanía. De esto son conscientes los líderes de masas y los propagandistas, que utilizan esta certeza en su propio beneficio.

Para evitar tanto la crítica como el cambio de opinión del pueblo, Mazarino aconseja: «Procura dar cuenta de tus actos para halagar al pueblo, pero solo después de haber obrado, para que nadie tenga oportunidad de discutir tus decisiones». Hay quien, de forma similar, cree que «más vale pedir perdón que pedir permiso».

Nunca desperdicies una crisis grave

> «A un príncipe le conviene buscar enemigos que le obliguen a salir de una peligrosa inercia y le den ocasiones para ser admirado y querido por sus súbditos, tanto los leales como los rebeldes».
>
> (CAPÍTULO XX)

Un verdadero clásico: crear un problema para el que ya se tiene una solución. De este modo, es posible aparecer ante los súbditos como el gran salvador, alguien con ingenio y capacidad suficientes para hacer frente con éxito a cualquier contratiempo. Se ha utilizado a lo largo de la historia y lo seguimos viendo a diario. Nuestros líderes crean o magnifican problemas que, en realidad, afectan a una muy pequeña minoría de la sociedad, para aportar soluciones que, en muchos casos, habrían sido innecesarias.

Encontrar una buena oportunidad, aprovechar las ocasiones para brillar, es el deseo de muchos jefes que quieren destacar. Pero el verdadero líder no tiene necesidad de recurrir a tales métodos y rechaza el oportunismo. Excepto en los momentos de crisis, que es donde los seguidores piden que el líder cumpla, y donde se la juega.

Como decía Rahm Emanuel, asesor del presidente estadounidense Barack Obama: «No desperdicies una crisis grave». En el siglo XVI, las ocasiones que se presentaban para mostrar la valía del líder seguramente no fueran como ahora. Los entornos volátiles y los cisnes negros provocan crisis inmediatas; por eso, hoy en día el papel del liderazgo es más importante y necesario que hace unos siglos.

Erasmo de Rotterdam entendía que: «A veces se busca un adversario con objeto de aumentar la reputación rivalizando con él».

A nadie se le escapa que no hay mejor forma de fortalecer un reinado que contar con un oportuno riesgo o amenaza, que provenga de fuera de las fronteras o que incluso sea un colectivo de entre los propios. Se trata de crear un enemigo real o ficticio, contra el que siempre se esté en guardia y alerta, para no perder su rastro en ningún momento. Por ejemplo un «yuri», un hipotético infiltrado extranjero en un servicio de inteligencia siempre es la mejor forma de justificar las estrictas medidas de control de la información y saltarse los protocolos. Muchas veces el contubernio es alimentado como una falsa bandera, para justificar los actos de control del príncipe y primar la seguridad sobre la libertad.

Plutarco nos recuerda: «No se expulsará a todos los adversarios, sino que se dejarán algunos, para que no empecemos a tener diferencias con los amigos, al estar privados completamente de enemigos». Sin duda, contar con enemigos (reales, potenciales o ficticios) provoca un efecto aglutinador en las sociedades.

Además de crear o magnificar a un adversario por intereses propios, hay que saber hacerlo con oportunidad, pues, de otro modo, la añagaza puede volverse en nuestra contra.

¿Sano entretenimiento o distracción intencionada?

> «El príncipe no se olvidará de ofrecer al pueblo fiestas y espectáculos».
>
> (CAPÍTULO XXI)

El clásico «pan y circo» de los romanos. En este capítulo, que examina cómo debe conducirse un príncipe para adquirir consideración, encontramos ideas que nos alejan de las connotaciones negativas del término «maquiavélico».

Por un lado, es cierto que el príncipe debe tomarse como una obligación entretener a sus súbditos, pues las personas también necesitan del ocio, quieren distraer su mente de las preocupaciones cotidianas y evadirse de la cruda realidad, aunque sea temporalmente. Debe ser un padre solícito, un amante dispuesto y un amigo generoso para con su pueblo. Los estómagos son agradecidos, pero las emociones hacen que la balanza se decante por aquel que otorga felicidad. Cuanta mayor sea, y mientras se ofrezca desde una posición paternal, más se acrecentarán la figura y el culto al líder. Entonces, con el corazón ocupado y el estómago lleno, la revolución resulta imposible y la entrega a los deseos del líder es completa.

El problema surge cuando este entretenimiento se convierte en pura distracción, con el objetivo de mantener al pueblo al margen de la realidad social y política en la que vive, de manera que le permita al líder hacer y deshacer a su antojo, ocultando a sus súbditos la realidad en la que están inmersos, para conseguir no solo su pasividad, sino también evitar a toda costa cualquier discrepancia.

La realidad que nos preocupa hoy es el enorme poder de los teléfonos inteligentes, *tablets*, redes sociales y noticias sensacionalistas que promueven un más que pensado arte de entretener, sin aportar ningún aprendizaje. Distracción vacía de contenido, que no forma ni perfecciona a las personas.

En el concepto de liderazgo moderno, el jefe, a la hora de buscar entretenimiento para su equipo, debe enfocarse en la motivación. En caso de que no se preocupe por su personal y por su bienestar psicológico, podríamos considerarlo en sentido «maquiavélico», como el empleo de esa diversión para desviar la atención, para no centrarse en lo importante. Una forma de entretener al rebaño, en definitiva.

Por cierto, el príncipe también precisa de sus dosis de diversión. Como decía Erasmo de Rotterdam: «Los bufones proporcionan lo único que los príncipes buscan por doquier de mil maneras: bromas, enemigos, carcajadas y placeres».

8

ALIADOS, AMIGOS Y ENEMIGOS

Amigos y enemigos, aliados y rivales... Parecen dicotomías sencillas, pero Maquiavelo, que conocía muy bien la importancia de las alianzas, también sabía que en ocasiones los amigos y aliados pueden ser más peligrosos que los enemigos, y que quien hoy te ayuda a triunfar mañana puede convertirse en tu mayor amenaza.

No hay aliado pequeño

> «¿Y con qué facilidad no habría podido el rey, si hubiera conocido y seguido las reglas que antes indiqué, mantenerse poderoso en Italia y conservar y defender a sus aliados? Estos, aunque eran numerosos y fuertes, temían a la Iglesia y a los venecianos y debían, por su propio interés, mantenerse unidos al rey de Francia; Luis podía también, con su ayuda, fortificarse para rechazar a cualquier otra potencia peligrosa».
>
> (CAPÍTULO III)

Defender a los aliados en apuros, buscar intereses comunes, hacerse grande cuando se es pequeño, confiar en las alianzas.

El mundo de la globalización busca estas alianzas formales de una manera que ha ido evolucionando a través de los siglos, y más con la internacionalización de los conflictos. Podemos recordar el artículo 5 del Tratado de Washington, que representa la esencia de la Organización del Tratado del Atlántico Norte (OTAN): la *defensa colectiva*. Es un concepto que nació con la primera alianza entre países de

América del Norte y Europa Occidental, que se basaba en el derecho de legítima defensa, individual o colectiva, en caso de ataque armado, y que se recoge en el artículo 51 de la Carta de Naciones Unidas.

Aunque este procedimiento de potenciar la defensa a través de un colectivo unido de manera formal se mantiene vigente, los retos que se plantean a causa de los efectos de la tecnología están redefiniendo el concepto de alianzas. Un potente ataque efectuado en el creciente dominio del ciberespacio, que causara gravísimos daños en las infraestructuras críticas de un país o que provocara el caos social, podría llevar a una respuesta militar, y hasta nuclear, como ya amenazan algunas grandes potencias.

La regulación y evolución de tales alianzas está aumentando en la última década. Ya queda muy atrás la visión de un mundo tranquilo y sin conflictos que esbozaba Francis Fukuyama con su «fin de la historia». En el mundo actual, en el que no hay enemigo insignificante, la afirmación de que «no hay aliados pequeños» se impone aún más. Todo suma, todos suman.

Una de las claves para que una gran alianza militar se mantenga en el tiempo es que todos sus integrantes perciban una misma amenaza existencial, y que consideren que solo podrán hacerle frente si permanecen unidos.

Las características de los problemas, riesgos y amenazas globales a los que nos enfrentamos hoy obligan a los Estados a cooperar en el marco de organizaciones internacionales o supranacionales de seguridad y defensa. A veces se ven casi obligados a elegir bando en función de su situación geográfica, de sus intereses geopolíticos o de las presiones que ejercen sobre ellos las grandes potencias.

En otras ocasiones se forman coaliciones *ad hoc* para afrontar amenazas puntuales, aunque pueden perpetuarse en el tiempo. Pero nunca debe olvidarse que la historia nos demuestra que las alianzas siempre han sido efímeras y que han durado lo que duró el interés común.

El interés de las sociedades o Estados fuertes siempre consiste en lograr que los más débiles, en términos económicos o de influencia, o con menos territorio o capacidad militar, sigan siendo subsidiarios y dependientes. Eso sí, cuando se forma una confederación de colectivos o «Estados pequeños» que logran encontrar la forma de unirse contra un Estado grande, ya sea de manera puntual o, lo que es poco frecuente, de manera permanente, pueden lograr una ventaja competitiva mayor y superar las crisis o las amenazas con mayor eficiencia.

Para conseguirlo, necesitan resolver eficazmente asuntos como el liderazgo, la cooperación o el intercambio, además de asumir responsabilidades. Por su parte, el Estado dominante intentará por todos los medios dividir a la confederación para no perder influencia. Un ejemplo paradigmático lo tenemos en la Unión Europea, que puede ser fuente de fortaleza ante otros actores geopolíticos, pero que en muchas circunstancias ve cómo desaparece esa ventaja, ya que los intereses particulares de cada Estado pequeño priman frente a los de la confederación. El egoísmo particular produce beneficios más rápidos, mientras que el acuerdo global requiere mayor tiempo para obtener beneficios visibles, que siempre serán inciertos. La duda acerca de los resultados siempre es la amenaza más fuerte en esta unión de Estados pequeños.

A quien ayudas a triunfar será tu adversario

> «Quien permite el engrandecimiento de otro provoca su propia ruina. Porque para hacerlo debe emplear sus propias fuerzas o su propia habilidad, y estos dos medios despiertan desconfianza en quien se ha vuelto poderoso».
>
> (CAPÍTULO III)

Es un axioma imperecedero que el poder no se comparte, por lo que, una vez alcanzado, uno de los objetivos prioritarios consiste en eliminar a cualquier posible adversario. Los que te han ayudado a alzarte con el cetro se convierten en elementos a abatir, precisamente porque conoces su capacidad para situar en el puesto principal a un aspirante al poder.

La historia muestra múltiples ejemplos de revolucionarios que, una vez que hubo triunfado la revolución, fueron devorados por ella debido al riesgo de que se convirtieran en enemigos de los nuevos líderes o pretendieran iniciar una nueva revolución.

Esto también se observa de forma habitual en los partidos políticos y en los gobiernos de las democracias liberales occidentales, en los que las luchas fratricidas por hacerse con el poder son constantes y a menudo virulentas. En cuanto alguien destaca por sus cualidades políticas o alcanza notoriedad mediática, se gana la enemistad tanto de compañeros como de superiores, que lo perciben como una amenaza a sus aspiraciones o a su propósito de mantenerse en el poder. No será obstáculo para acabar con la carrera de esa persona, sino todo lo contrario, que en el pasado haya sido un soporte esencial para que su partido o el líder hayan logrado hacerse con el poder.

En una visión utilitarista y pragmática de la política como la de Maquiavelo, quienes emplean sus recursos para ayudar a que un líder alcance sus metas, cuando ya no son necesarios, en especial si han cumplido bien su misión, empiezan a ser vistos como «futuros líderes internos», capaces de socavar el liderazgo recién creado. Han sido útiles, es cierto, pero, para evitar que acumulen más poder o que puedan generar escisiones dentro de la organización, se les defenestra o se les envía a otra misión, lo más lejos posible de la corte.

La opción de mantenerlos a su lado solo es aconsejable cuando el líder necesita apoyos sólidos porque su poder todavía no está consolidado o, más raramente, por fidelidad o compromisos personales. Ahora bien, si no existe ningún documento escrito, la única obligación es la que nos dicta la moral. Y el líder no debe tener escrúpulos cuando ejerce el poder, como queda demostrado una y otra vez, incluso en las democracias. Quien se acerque al círculo de mando debe ser consciente de cuáles son las reglas de juego, que no son precisamente amables. Es parte de la condición humana, y así seguirá siendo.

La unión entre personas que han pasado juntas grandes calamidades, y más si ha sido en acciones de combate, es estrechísima, pero eso no impide que, cuando se trata de disputar o compartir el poder, puedan convertirse en enemigos viscerales, precisamente porque se conocen bien y saben de las ambiciones y pasiones de la otra parte.

El valor de lo propio

> «Una ciudad acostumbrada a regirse por sus propias leyes se conserva con más facilidad si se destina para su gobierno a un pequeño número de sus propios ciudadanos».
>
> (CAPÍTULO V)

Para que una comunidad acepte de la mejor manera posible cierto grado de dominio, en especial si ha vivido bajo su propio gobierno, no hay nada mejor que elegir a sus propios ciudadanos para gobernarla. Obviamente, aunque podrán ser tachados de colaboracionistas y traidores, siempre se producirá menor rechazo que si los dirigentes son extranjeros, impuestos por el conquistador. Los ejemplos históricos de esta práctica son abundantes.

En primer lugar, nadie conoce mejor la cultura y los problemas locales que alguien que pertenece a la misma comunidad. Por otro lado, los ciudadanos sentirán una mayor proximidad hacia alguien de su mismo entorno, que incluso hablará una lengua común. No cabe duda de que, al ser gobernados por personas pertenecientes a su propio grupo, etnia, cultura o civilización, la resistencia siempre es menor. Aquí descubrimos de nuevo lo trascendente que es el sentido de pertenencia.

Siempre se ha podido observar que cualquier población, por muchas que sean las críticas, prefiere que sus gobernantes sean conciudadanos, y no extraños o extranjeros, por muy excelentes que sean aquellos desde un punto de vista objetivo. El factor psicológico ante la disyuntiva de ser gobernado por el propio o por el ajeno es clara: siempre se opta por el primero, en parte por la necesidad de reafirmar el sentimiento de pertenencia ante cualquier amenaza o desprecio.

Ahora bien, en ocasiones no se percibe una amenaza y resulta más fácil convencer a un colectivo de las bondades de lo ajeno, como cuando se piensa en ciertos países como Arcadias y paraísos en la Tierra, donde no existen los vicios que nos caracterizan y donde, creemos con ingenuidad, las cosas se organizan mejor.

La sociedad del cambio que nos toca vivir también se combina con la diversidad social que de alguna manera se promueve con la globalización. El concepto de «ciudadano» está cambiando y lo que nos pudo sorprender en 2017 cuando «Sophia» fue reconocida como el primer ciudadano-robot que recibió la nacionalidad saudí, no nos resultará tan extraño en un futuro próximo. Es muy probable que aceptemos a ciudadanos artificiales para cometidos superiores. Un caso curioso es el del robot «Michihito Matsuda», que presentó su candidatura para la alcaldía de Tama, un distrito de Tokio, prometiendo en su campaña que «la inteligencia artificial cambiará la ciudad de Tama». Matsuda no resultó elegido, pero obtuvo 4.000 votos y quedó tercero.

La importancia de un ejército nacional

> «Las tropas del segundo tipo [extranjeras] son peligrosas e inútiles, ya se las emplee como auxiliares o como asalariadas».
>
> (CAPÍTULO XII)

Maquiavelo nos dejó muchas lecciones en el ámbito teórico, y en especial acerca de la organización de la estructura militar. Su idea de crear un ejército nacional que sustituyera al de los mercenarios fue clave en su momento. Los ejércitos mercenarios eran considerados como peligrosos, ya que su única motivación era el sueldo asignado; por lo tanto, para que cambiaran de bando bastaba con que otro príncipe les ofreciera una mejor soldada.

El autor florentino rechazaba las tropas mercenarias, que disfrutaban de un amplio uso en ese momento, porque no las consideraba leales ni rentables a largo plazo, ya que no aseguraban la supervivencia del Estado. Era consciente de la rentabilidad de un ejército profesional y leal al Estado que le pagara, y llegó a proponer una profesionalización del ejército, aunque muy limitada y condicionada por su tiempo. Italia estaba entonces fraccionada en un conjunto de pequeños Estados que se encontraban con dificultades para organizar un ejército permanente.

Un ordenamiento jurídico que abarca la totalidad de un sistema y da sentido a la milicia hace que esta sea fuerte y fiel al sistema. Aquellos que luchan por lo suyo y por lo que creen siempre serán aguerridos militares y mejores defensores. La milicia mercenaria o los cuerpos auxiliares no tienen una motivación real, ni implicación con el territorio o con su líder. Son fieles mientras se les pague. Sirven solo para una acción rápida de rapiña o de conquista, pero al cesar el avance se convierten en fuente de disenso, de corrupción y, en muchas ocasiones, de pillaje y actos delictivos. Por ello, un príncipe no debe ampararse más que en los que son suyos por derecho, con valores y conciencia. Debe librarse o evitar que las tropas alquiladas o las auxiliares «fijen residencia o estancia prolongada» una vez que han cumplido su función. Pagando a las alquiladas e invitándolas a buscar fortuna, y disolviendo a las auxiliares para que regresen a sus territorios, donde deben quedarse.

La socialización de los valores relacionados con la tradición marca la diferencia entre soldados profesionales y mercenarios. Son valores que mantienen su vigencia: arrojo, honor, lealtad, disciplina o espíritu de sacrificio, aunque pueden verse actualizados por la ética y la moral de la sociedad del siglo XXI. Los buenos líderes trabajan los valores, y en especial la propia imagen que transmiten en el día a día a sus subordinados.

Haciendo un poco de historia, la categoría de los soldados mercenarios comienza casi con los ejércitos organizados. La referencia más antigua data del año 1457 a.C., cuando en la batalla que se libró en Megido (Israel), entre tropas del faraón

Tutmosis III y una coalición tribal del rey de Kadesh (Siria), el mandatario egipcio venció gracias a la ayuda de mercenarios.

En tiempos más cercanos a nosotros, la figura del mercenario resurgió a partir de la década de 1960 en conflictos como el del Congo Belga o la guerra de Biafra.

Hoy en día, no existen ejércitos mercenarios en el sentido literal del término, pero sí los denominados «contratistas», integrados en lo que Naciones Unidas llama «Empresas Militares y de Seguridad Privadas». Han sido y siguen siendo ampliamente empleados por las grandes potencias en los últimos escenarios de conflicto, en el marco de una legalidad más que discutible.

Se considera a Watchguard International como la primera compañía militar privada. Fue fundada en 1965 por David Stirling (creador del Special Air Service británico) y John Woodhouse (también perteneciente al SAS). Su primera operación fue en la guerra civil de Yemen del Norte (hasta 1970).

Desde 1991, el empleo de las Compañías Militares Privadas (CMP) comenzó a aumentar como consecuencia de la reducción de contingentes militares tras el final de la Guerra Fría, así como la multiplicación de conflictos de baja intensidad y asimétricos, junto a la negativa de los principales países a implicarse directamente y la preocupación de las poblaciones por las bajas propias. Se dice que en el Irak de 2007 llegó a haber más contratistas que soldados regulares.

Las fuerzas de contratistas presentan ventajas con respecto a las tropas regulares, pues son más rentables económicamente, ya que su carácter no permanente permite rescindir el contrato tan pronto como dejan de ser necesarias.

Al mismo tiempo, no exigen ningún tipo de apoyo social (sanidad, familiares, ayudas, pensiones...), ni se precisa gasto en su formación. También ofrecen rapidez y flexibilidad de actuación, alta especialización, y permiten eludir limitaciones tácticas (*caveats*) y responsabilidades.

Pero también tienen sus desventajas. Para empezar, la falta de respeto a la legalidad internacional (leyes y usos de los conflictos armados), pues, aunque existen numerosas leyes que regulan el uso de ejércitos privados, no están incluidas las CMP. Además, a pesar de los numerosos escándalos en los que se ha visto envuelto personal de las CMP, no existe un mecanismo unificado internacional para someterlas a las leyes nacionales o internacionales.

Hasta ahora, los esfuerzos para regular las CMP han sido vanos debido a las discrepancias entre países, la globalización de la industria (ingeniería financiera para dificultar su seguimiento y fiscalización) y los múltiples intereses enfrentados, sobre todo por parte de las grandes potencias.

La Convención Internacional sobre el uso de mercenarios (de 1977), ratificada en la Convención de Ginebra, no recoge a las CMP, principalmente porque no se adaptan a la definición de «mercenario». Lo mismo sucede con la Convención de ONU contra el reclutamiento, uso, financiación y entrenamiento de mercenarios (de 1989).

El esfuerzo internacional más reciente es el Documento de Montreux (de 2008), que regula la industria de la seguridad privada, ratificado por 17 países. Pero no obliga a las partes a seguir los principios en él expuestos. Tan solo incluye una lista de 70 recomendaciones para operar en zonas de conflicto, así como otras sobre cómo perseguir las violaciones de la legalidad internacional y verificar sus actuaciones.

En definitiva, las CMP viven en una especie de anarquía legal, y parece que las principales potencias no tienen el menor interés en poner orden debido a las ventajas que les reporta el uso de estos «mercenarios» modernos.

El mejor soldado es el buen ciudadano

> «Nunca estará seguro el príncipe que cuente con soldados auxiliares y mercenarios, porque están poco unidos entre sí, son ambiciosos y carecen de disciplina y fidelidad. Son valientes entre los amigos, pero cobardes en presencia del enemigo; sin temor de Dios y sin buena fe respecto a los hombres, por lo que el príncipe, para retrasar su caída, tiene que emplear sus mayores esfuerzos en evitar la necesidad de recurrir a dichas tropas. En una palabra, esas tropas roban al estado en tiempo de paz como lo hace el enemigo en tiempo de guerra».
>
> «Al no ponerse este tipo de tropas al servicio del estado excepto por el interés de su salario, que nunca es tan elevado como para que equivalga al riesgo de perder la vida, solo sirven a gusto en tiempo de paz, y en cuanto se declara la guerra es muy difícil someterlas a una rigurosa obediencia».
>
> (CAPÍTULO XII)

La historia nos ha dejado muchos ejemplos de que el mejor soldado es el buen ciudadano, una persona que ama a su patria y que, por lo tanto, lucha por convicción, no por una paga.

Si el soldado no está unido a un territorio, no se podrá confiar en él para mantener la paz o para hacer una guerra de cualquier tipo. Los mercenarios o las tropas no autóctonas solo se mantienen fieles por la paga y las posibilidades de ejercer la rapiña, o bien porque presienten la debilidad en el Estado (de la que esperan poder sacar algún provecho más adelante). Las milicias mercenarias ignoran la causa por la que luchan, ya que solo lo hacen por quien les paga. No importa lo buenos en el combate que sean, ni su reputación como soldados. La única verdad es que la fidelidad la otorga la tierra, la patria y la ley o el orden por los que se combate, sin olvidar la ideología política y la religión. En muchas ocasiones esta tropa mercenaria, teniendo el poder en sus manos, chantajea o incluso arrebata el poder a aquellos que los contrataron. Por eso, estas milicias solo sirven para mantener luchas de desgaste, y lejos del territorio propio.

Cuando se habla de tropas mercenarias, que combaten por dinero, hay un aspecto que jamás se debe olvidar: la moral. Es un elemento clave en cualquier enfrentamiento bélico. Sin la moral adecuada, sin la fuerza de ánimo y el ímpetu que ofrece, pocas victorias se han logrado. Como decía Jenofonte: «El resultado de la lucha lo decide más el espíritu que la fuerza física». Los medios y las tácticas o estrategias son importantes, de eso no cabe duda, pero si las tropas no cuentan con la debida moral de combate, el éxito será siempre incierto. Abundan los ejemplos históricos de ejércitos en apariencia poderosísimos, pero que, cuando perdieron la moral y la confianza, huyeron en desbandada ante enemigos teóricamente inferiores. Por eso, en cualquier ejército se hace tanto hincapié en el aspecto anímico. Siempre hay que estar alerta ante cualquier indicio de desánimo, para que no se extienda entre las tropas, y para ponerle rápido remedio, insuflando la moral necesaria. Cuando a una fuerte moral se añade el fervor religioso, el combatiente se vuelve prácticamente invencible. Como es obvio, ese no es el caso de los mercenarios, por bien formados y armados que estén.

Jenofonte, protagonista de la épica retirada de los Diez Mil, los mercenarios griegos que tuvieron que atravesar el inmenso Imperio persa, aleccionaba de este modo a los líderes militares: «Debéis inspirar a los cobardes más miedo que el que les causan los enemigos». En algunos momentos, este consejo se ha llevado al extremo: durante la Segunda Guerra Mundial, se cuenta que los comisarios políticos soviéticos mataron a decenas de miles de sus propios soldados cuando, en vez de avanzar contra un enemigo que estaba diezmando las filas, huían del frente, batiéndose en retirada. De nuevo nos encontramos con la necesidad de encontrar el equilibrio en la acción de mando. Hay que conseguir que el soldado combata lleno de fuerza moral, que se vea impulsado por su propia motivación, pero sin olvidarse de infundirle un cierto temor ante cualquier posible renuencia o duda, que será lógico que surja en algún momento dado lo extremo de la situación.

La tecnología y los nuevos medios para hacer la guerra están dando un protagonismo hasta ahora desconocido a los sistemas de armas autónomas, que podrían llegar a ser empleados en masa como un ejército profesional (propio de una nación) o mercenario (alquilado a otro actor). Se discute si los robots militares podrán considerarse como mercenarios tecnológicos. Un mercenario combate sirviendo a un poder extranjero a cambio de dinero u otras prebendas materiales (tierras o minas, por ejemplo), pero sin excesivas justificaciones ideológicas; mientras que los sistemas de armas autónomas basados en inteligencia artificial no buscan esos premios ni tienen ninguna motivación ideológica, al menos de momento.

Con todo, la forma de hacer la guerra y de emplear esos nuevos ejércitos está abriendo un abanico de opciones que hasta hace poco sonaban a ciencia ficción. Nada es descartable y la «pequeña paga» puede llegar a ser irrelevante en el campo de batalla futuro. Una empresa de «mercenarios tecnológicos» incluso podría vender servicios de ejércitos enteros de robots. La futura deshumanización absoluta de la guerra, la disminución del coste económico, la mayor participación de estos robots o máquinas que empezamos a entrever ahora, producirá una lejanía en la percepción de las bajas del campo de batalla y provocará una disminución del sentimiento de amenaza o riesgo. Probablemente hará que los gobiernos consideren más fácil intervenir militarmente en cualquier escenario.

> «Pocas veces le sienta bien a alguien una armadura ajena, lo más común es que le quede demasiado estrecha o demasiado holgada, o que se le caiga de los hombros».
>
> (CAPÍTULO XIII)

De nuevo, insiste Maquiavelo en la ventaja que supone dotarse de un ejército propio, de confiar tan solo en las propias fuerzas. Mejor ese enfoque que tener que emplear «armas» ajenas, de lo que podríamos arrepentirnos después.

Lo efímero de las alianzas

> «El vencedor no podrá mirar con buenos ojos a un aliado dudoso que le abandonaría al primer revés de la fortuna».
>
> (CAPÍTULO XX)

¿Cómo se comportarán los demás, sobre todo, en los momentos difíciles, cuando toca decidir estar contigo o abandonarte? Es difícil seleccionar las amistades, y no siempre se pueden elegir: es cuestión de confianza y también es necesario construirlas. Sin duda, es difícil luchar en la adversidad; se requiere información, y las alianzas aportan mucho en este sentido.

El gobernante tiene que poseer o ganarse el afecto del pueblo, porque será su mejor apoyo en los momentos complicados. Aunque, como decía Maquiavelo, en tiempos de paz será más fácil y los ciudadanos estarán más dispuestos a luchar y morir por su gobernante. Es la percepción del riesgo, pues en tal caso ven la muerte muy remota. De ahí surge la idea de que los amigos se conocen en las situaciones difíciles. Y en las épocas revueltas, cuando el dirigente más necesita de los ciudadanos, si no ha sabido ganarse verdaderamente su afecto, pocos le apoyarán.

En todo caso, como decía Jenofonte: «Para los reyes, el cetro más auténtico y seguro son los amigos fieles».

La peligrosa indefinición

> «El príncipe que no sepa portarse como un amigo o enemigo decidido solo logrará ganarse la estimación de sus súbditos con mucha dificultad».
>
> (CAPÍTULO XXI)

Aquí se habla de coherencia; es decir, de ser capaz de mantener un carácter propio, tanto delante de un amigo como de un enemigo. Nada hay peor que tener una opinión diferente según las circunstancias, el entorno o la audiencia. Mantenerse firme ante cualquier hecho o situación es una muestra de personalidad, y también de honradez intelectual, que al final repercute en el prestigio y la imagen del líder. Asimismo, ser excesivamente equidistante, no posicionarse claramente en un sentido u otro, suele terminar por perjudicar la imagen de la persona que mantiene tal actitud.

Modificar lo que se ha dicho, simplemente porque se está en otros foros o circunstancias, no es beneficioso a la larga. Y menos en la actualidad, cuando todo queda grabado y archivado. Por el contrario, mantenerse firme en los criterios da imagen de honestidad, de seriedad y de credibilidad. Obviamente, salvo que el contexto haya variado tanto que lo dicho ya no tenga ningún sentido o validez. Pero ser un veleta acaba dañando la imagen personal y genera desconfianza.

En esa línea, la capacidad de decidir y posicionarse se considera más rentable que la indefinición. Nosotros no controlamos las circunstancias, pero sí nuestra respuesta a ellas, las decisiones. El líder es estimado por todo lo que ha decidido y ha hecho hasta este momento.

La trampa de la neutralidad

> «Considera que no es tu aliado quien te pide la neutralidad, y que sí lo es o puede serlo el que te anima a tomar las armas para ayudarlo».
>
> (CAPÍTULO XXI)

En la actualidad se juega con la información. Muchas veces los líderes ni siquiera manifiestan claramente sus intenciones. Puede suceder que amigos no tan amigos mantengan la relación en tiempos difíciles, o al revés. Pocos líderes se arriesgan a ser claros o incluso a declarar sus alianzas: prefieren dejar todo abierto y no desvelar las preferencias. Esa falta de claridad pretende ocultar las dificultades. Las adversidades producen estrés, de ahí que hoy se resalte tanto el valor de la transparencia.

La prueba de fuego de un aliado es cuando hace suyo tu conflicto y actúa con más vehemencia que tú mismo. La prudencia es una virtud, pero solo cuando se goza de preponderancia en el poder. Si todavía se está en el camino hacia esa superioridad, no es buena compañía el que no esté dispuesto a transgredir las normas contigo. No se paga con palabras a quien pone en duda el liderazgo. Solo es momento de hablar cuando se goza del triunfo: entonces no hay que ser neutral, hay que ser magnánimo.

El éxito nunca es definitivo

> «Nunca son las victorias tan prósperas y perfectas que permitan al vencedor faltar impunemente al respeto a sus aliados, y al respeto que siempre se debe a la justicia».
>
> (CAPÍTULO XXI)

El éxito nunca es definitivo; de eso no cabe duda. Incluso puede llegar a ser contraproducente si no se gestiona bien. A veces, tener éxito hace que nos situemos en una posición excesivamente cómoda que puede convertirse en debilidad. Por otro lado, aunque hayamos tenido éxito, puede ser que lo hayamos conseguido de forma tan torticera que, antes o después, tengamos que rendir cuentas ante la justicia.

En cualquier caso, solo desde el poder y el triunfo el príncipe puede «administrar» justicia o ser benevolente. Si la victoria no le da la capacidad de legislar sin trabas, no es victoria. Esta situación sembrará una grieta que puede crecer y en el futuro ser germen de rebelión.

Las victorias aportan mucho. Lograr pequeñas victorias en el plazo más corto permite ir avanzando y, a la vez, corrigiendo el rumbo, con lo que se va aprendiendo al superar obstáculos, es decir, con el *feedback* recibido.

Por otro lado, el líder influye en la victoria, aunque no tiene por qué ser el protagonista. Pero los actos de guerra y sus triunfos no deben compartirse, puesto que es indiscernible en la batalla a quién se debe el éxito cuando la estrategia es de varias fuerzas unidas. Se gana solo o se pierde solo. La alianza únicamente es útil cuando la victoria está consolidada y se impone la ley del príncipe.

No se debe olvidar que nada sucede como se planifica. La ley de la compensación o de la ponderación de resultados hace que cualquier acción provoque siempre reacciones tanto calculadas como no previstas. Parafraseando a Clausewitz, no hay plan que resista el primer contacto con el enemigo. Lo que no significa que no debamos pensar y planear todas las posibles opciones.

La virtud del príncipe consiste en conocer lo mejor posible qué acciones suyas pueden provocar peores resultados en el escenario más desfavorable. No es cobardía cuando la estrategia consiste en buscar la eficiencia, que tiene que ver con el tiempo y, por lo tanto, permite modificaciones en su desarrollo. Siempre es mejor que actuar con excesiva rapidez, sin poder medir los efectos a medio o largo plazo.

No todas las alianzas son buenas

> «Si un príncipe acomete a otros, debe huir de cualquier alianza con quien sea más poderoso que él, si la necesidad no le fuerza a ello».
>
> (CAPÍTULO XXI)

Esto es prudencia en estado puro. No tiene sentido implicarse en aventuras bélicas, siempre de resultado incierto, si no suponen un interés directo para nosotros o para la organización o grupo que lideramos.

No siempre es fácil eludir la presión del poderoso de turno que nos pide ayuda para atacar a alguien. Pero ahí es donde se debe tener la suficiente personalidad: contar con una estrategia propia y sobre todo no dejarse arrastrar a veleidades tan solo para satisfacer intereses ajenos.

El éxito siempre genera envidia

> «Los príncipes construyen fortalezas para mantenerse con más seguridad en los Estados amenazados por enemigos exteriores y para reprimir el primer ímpetu de una revolución interna».
>
> (CAPÍTULO XX)

Este principio sigue vigente: el poder siempre es objeto de celos y envidias, y nunca dejará de haber quien desee ocupar el puesto del príncipe. Pero en la mayoría de las ocasiones es mayor la amenaza que suponen los cercanos, incluso los iguales, que los lejanos.

La posición alcanzada por un hombre no se mide solo por el poder de sus amigos (temporales), sino sobre todo por el empaque de sus enemigos (eternos). Después de todo, solo los mediocres no son envidiados.

Hablando de celos (personales y profesionales) y de envidias, hay una frase muy acertada que dice así: «Me observan, me envidian, me critican; pero, al final, me imitan». Hay que ser conscientes de que el éxito siempre genera envidia, máxime cuando se tienen más de tres virtudes. Por ello, es mejor ser seguido e imitado, abrir camino, que no ser un seguidor y un burdo imitador, como aquellos que solo saben seguir la brecha abierta por los demás.

Jenofonte lo tenía muy claro: «Cuando más posesión se tiene, es entonces cuando más personas la envidian, conspiran y se convierten en enemigos». Es una inexorable ley de vida, que sigue siendo válida, y así continuará. A esto Jenofonte añadía: «Son muchas mis posesiones y solo saco esto: más tengo que vigilar, más que distribuir entre los demás, y más preocupaciones que atender». Por eso, la verdadera felicidad no consiste en acumular riquezas ni posesiones, sino en disfrutar las que se tienen, una vez alcanzado un mínimo de prosperidad. El ansia de tener más no genera mayor satisfacción; al contrario, solo suele dar mayores quebraderos de cabeza. Cada posesión aumenta el desasosiego. Además, aquí entra en juego lo que se llama «el índice de satisfacción decreciente», en el sentido de que no hay una relación directa entre lo que se tiene y la satisfacción que produce, por lo que disponer de más bienes materiales no es sinónimo, ni mucho menos, de mayor felicidad. Habitualmente, solo sirve para ser más envidiado, y en mayor medida por los próximos, más que por los desconocidos.

9

LA FUERZA Y LAS LEYES

La fuerza es para Maquiavelo uno de los elementos fundamentales de cualquier líder que pretenda persistir, pero también las leyes pueden convertirse en un instrumento de dominación o convencimiento muy poderoso. Eso sí, las leyes necesitan el respaldo de la fuerza para mantenerse.

El atractivo de tener más cañones

> «¿Quién ignora que siempre hay buenos amigos si se tienen buenos soldados?».
>
> (CAPÍTULO XIX)

Maquiavelo comprende muy bien el papel del poder bélico con el que cuentan las potencias, que a su vez ayuda a tener mejores aliados, a veces por compartir la misma ideología o tan solo por estar del lado del poderoso. Como decía Napoleón: «Dios está a favor del que tiene más cañones».

Aunque hoy en día existen otras fortalezas además de la militar, comenzando por la económica, lo cierto es que ser poderoso siempre es un imán. Después de todo, «quien a buen árbol se arrima, buena sombra le cobija».

Acuerdos sin espadas solo palabras son

> «Han triunfado todos los profetas armados, mientras que fracasaron los desarmados».
>
> (CAPÍTULO VI)

Maquiavelo insiste en el papel que tiene la fuerza para el príncipe, tanto para ascender al poder político como para mantenerlo. No cabe duda de que cuando se poseen grandes capacidades, lograr cualquier propósito es siempre más sencillo.

Cuando se dispone de una potente y confiable fuerza armada, su capacidad de disuasión ante cualquier amenaza ya es una garantía de éxito.

En el caso de la diplomacia, es obvio que los objetivos de la negociación se conseguirán con mayor facilidad si las buenas palabras están respaldadas por la amenaza, aunque sea velada, del uso de la fuerza en caso extremo.

En la actualidad, la «fuerza» no tiene que ser exclusivamente militar. Dentro del concepto de guerra híbrida o irrestricta, o de lo que algunos llaman «zona gris», existen otras posibilidades que pueden ser determinantes para conseguir los fines deseados, como las que se relacionan con el ciberespacio, la desinformación, la manipulación mediática o las acciones psicológicas y de influencia.

Cuando un líder, además de la fuerza de la razón, hace uso de la fuerza como una herramienta más, entonces tiene la capacidad de cambiar el curso de los acontecimientos. No estamos hablando de violencia, sino de estar armados. Ciertamente, las armas pueden ser físicas, dialécticas o incluso actitudinales. Pero muchas de las propuestas ideológicas y de las conquistas en nombre de un profeta y su visión del mundo acaban por usar las armas para consolidar su poder en la Tierra, aunque sea con promesas de trascendencia. Todos los seguidores de un profeta siempre necesitan aterrizar en un espacio físico su propuesta de una nueva sociedad, para, desde allí, extender su influencia moral, filosófica y, por supuesto, imponer su cosmogonía hasta donde sus capacidades les permitan. Y sin armas, del tipo que sea, es prácticamente imposible lograrlo.

> «Un príncipe desarmado no puede tener tranquilidad ni descanso rodeado de súbditos armados, pues será despreciado siempre por ellos».
>
> (CAPÍTULO XIV)

De nuevo insiste Maquiavelo en basar la fortaleza propia en las armas. Hoy en día se ampliaría a otras capacidades, pero lo que está claro es que mostrar fortaleza hace que los adversarios se lo piensen dos veces antes de ofenderte.

De nada sirven las leyes sin buenas tropas

> «Los buenos fundamentos de los Estados, ya sean antiguos o modernos, consisten en las buenas leyes y las buenas tropas. Pero no pueden existir las buenas leyes sin las buenas tropas».
>
> (CAPÍTULO XII)

Uno de los beneficios que aporta a un Estado contar con un buen ejército es que, entre otras cosas, le permite que las leyes que promulgue sean «buenas», es decir, que cuente con un mecanismo para hacerlas respetar. Maquiavelo sabía que, sin ejército, cualquier Estado pasará por dificultades, por lo que afirmaba que «sin tener ejércitos propios ningún principado está seguro».

Es un claro enfoque hacia la aplicación de la fuerza, que se mantiene en la actualidad; la diferencia estaría en la regulación de su uso y en la existencia de un marco legal, nacional e internacional.

La fuerza debe ir acompañada de la persuasión

> «En todas las ciudades se encuentran estas dos voluntades: la del pueblo, que no desea ser gobernado y oprimido por los poderosos, y la de los poderosos, que quieren gobernar al pueblo y oprimirlo. De esta diversidad de intereses en la ciudad se produce uno de estos tres efectos: o el principado, o la libertad, o el desorden».
>
> «Cuando los nobles se ven acosados en exceso por el pueblo, suelen encontrar un medio para subyugarlo con facilidad al tomar como caudillo a alguno de los de su jerarquía y concediéndole el nombre de príncipe, para, bajo la sombra de una autoridad reconocida, hacer realidad la necesidad que tienen de dominar. Y el pueblo, por su parte, para no ceder a su enemigo, en ocasiones toma el partido de oponerle un plebeyo, de quien espera apoyo y protección».
>
> (CAPÍTULO IX)

La intención del pueblo es más noble que la de los poderosos, puesto que estos desean oprimir y aquel, no ser oprimido.

Desde tiempos inmemoriales, las personas han tenido el instinto de agruparse para satisfacer sus necesidades, lo que de otro modo les hubiera sido imposible. Una vez creado el grupo, surge, bajo distintas formas y por diversos motivos, el líder que los conduce. Pero, como norma, el ser humano no acepta de buen grado la imposición de una autoridad, en especial cuando se convierte en despótica, en opresora, en limitadora de su libertad. Hay que tener en cuenta que cuando Maquiavelo habla de un Estado libre o que vive en libertad (frente a las alternativas del principado o del caos) se refiere a una república. Al fin y al cabo, aunque escribió *El príncipe* para gobernantes autoritarios, Maquiavelo ocupó altos cargos en la República de Florencia y siempre mantuvo sus convicciones republicanas, por las que incluso llegó a ser torturado, acusado de preparar un golpe de Estado contra los Medici.

La aparición del príncipe siempre es fruto de las tensiones entre los que desean que alguien los libere y los que desean que alguien los ayude a perpetuar sus beneficios. Esta tensión hace que la figura del príncipe sea el medio por el que toda ciudad se mantiene en orden y paz, puesto que es él, y no los demás resortes del Estado, quien, en última instancia, garantiza la justicia, la seguridad, la equidad y el derecho a la propiedad privada. Y, por encima de todo, el príncipe garantiza la imagen de una sociedad cohesionada y fuerte. El beneficio de la mayoría debe primar sobre el privilegio de unos pocos, e incluso de uno solo, para que, de este modo, tanto las dádivas como los castigos se equilibren entre ambos grupos. Ninguno debe prevalecer en exceso sobre otro, con el objetivo de que, en esa constante búsqueda del plácet del príncipe, la sociedad se esfuerce en mejorar y en prosperar.

Si bien en la antigüedad el gobernante decidía sobre el destino del pueblo, pues esta era la finalidad de su mando, la forma en la que se conducía tenía poca o ninguna trascendencia, pues lo que importaba era alcanzar el fin buscado, los objetivos del grupo o comunidad.

Hoy en día, Maquiavelo recomendaría a su príncipe emplear más la persuasión que la manipulación, para que no se alejara del carisma y del liderazgo ético tan ansiados en la actualidad.

Miguel de Unamuno nos recordaba aquello de: «Venceréis, pero no convenceréis, porque para convencer hay que persuadir». No podía tener más razón. La fuerza, aunque aparentemente puede someter, nunca es definitiva si no va acompañada de la persuasión, pues siempre provocará reacciones de oposición.

Las leyes, la fuerza y el *lawfare*

> «Conviene saber que hay dos modos de combatir: con las leyes o con la fuerza [...]. Cuando las leyes no bastan, es preciso recurrir a la fuerza».
>
> (CAPÍTULO XVIII)

Para ejercer la función del Estado, la ley no se consideraba suficiente en tiempos de Maquiavelo, por lo que se pensaba que era necesario emplear la fuerza para hacerla cumplir. Hoy las herramientas para ejercer presión son más abundantes, pero también más discretas.

El utilitarismo moral lleva a considerar que aquello que no se logra mediante la ley se tenga que obtener gracias a la fuerza y el uso del ejército, incluso contra la propia población; si bien lo segundo debe ser excepcional y de corta duración, porque la población no suele soportar las injusticias o imposiciones largas sin rebelarse.

De lo que no cabe duda es de que con las leyes se ejerce un gran poder. Como instrumento del Estado, el sistema jurídico y judicial puede ser lento, pero es implacable.

Además, existe un término que encaja muy bien en este contexto: *lawfare*, es decir, luchar o hacer la guerra exigiendo al otro bando la aplicación de la legalidad, ya sea nacional o internacional.

10

ASTUCIA Y CONOCIMIENTO

Entre las frases célebres y las ingeniosas metáforas que Maquiavelo dejó a la posteridad, una de las más interesantes es aquella en la que recomienda al príncipe que sea al mismo tiempo un zorro y un león. Que muestre y demuestre su poder y su fuerza agresiva como un león, pero que también sepa usar la astucia, el ingenio, la mentira y la habilidad del zorro.

Cómo ser al mismo tiempo león y zorro

> «El príncipe debe aprender del zorro a ser astuto para conocer las trampas, y del león a ser fuerte para espantar al lobo. Quienes solamente toman como modelo al león y desprecian el imitar las cualidades del zorro comprenden muy mal su oficio».
>
> (CAPÍTULO XVIII)

La fuerza y el valor no siempre son suficientes para superar los obstáculos o conseguir los objetivos. En muchas ocasiones es más beneficioso recurrir a la astucia, representada por el zorro.

Aplicar la fuerza o tornarse violento suele ser contraproducente, en especial en el entorno político, donde imperan la doblez y la farsa. Lo que no quita que, en determinados momentos, haya que mostrarse firme y dar un puñetazo encima de la mesa.

Elegir lo menos malo para no caer en lo peor

> «No hay un partido por entero seguro y muchas veces tan solo se evita un peligro para caer en otro mayor. La prudencia humana tan solo sirve para elegir el menos malo de los males conocidos».
>
> (CAPÍTULO XXI)

Una de las pruebas de que Maquiavelo no fue tan «maquiavélico», en el sentido que hoy se le da a la palabra, se encuentra en sus repetidas menciones a la prudencia en la toma de decisiones. Prudencia para conocer los obstáculos antes de decidir y así optar por el menos malo de los obstáculos. Es esa mentalidad lo que permite buscar alternativas para superar las dificultades y llegar a donde nos proponemos. Aunque hoy los obstáculos que se presentan son de toda clase: físicos, emocionales, percibidos y virtuales.

En este sentido, ser inteligente es tener la capacidad de elegir la opción menos mala. La vida nos presenta obstáculos continuamente, unos más insalvables que otros. Pocas veces tenemos la solución perfecta, por lo que hay que elegir, desechar lo que consideramos menos adecuado y optar por lo menos perjudicial o peligroso. Al menos es lo que deberíamos hacer. Otra cosa es que lo hagamos con acierto, pues a veces nos dejamos llevar por pasiones, emociones o debilidades que nos alejan del camino correcto.

Saber qué se debe hacer no implica saber cómo hacerlo

> «Cualquiera que considere necesario asegurarse la lealtad de sus enemigos en un nuevo señorío debe adquirir partidarios y vencer o por la fuerza o por la astucia; hacerse amar y temer por los pueblos o hacerse seguir y ser respetado como soldado; destruir a todos los que puedan causarle algún mal; cambiar las leyes por otras nuevas y ser al mismo tiempo severo y agradable, magnánimo y liberal; deshacerse de un ejército y crear uno nuevo, o conservar la amistad de los príncipes y los reyes, de tal manera que deseen favorecerlo y teman tenerlo por enemigo».
>
> (CAPÍTULO VII)

Esta lista de intenciones o guía de comportamiento del líder o gobernante es una respuesta a lo que se debe hacer, pero no nos dice cómo hacerlo. Y eso es lo que verdaderamente importa. Lo que sí podemos concluir es que esta guía nos indica que siempre debemos tener mano izquierda con quien nos interese en cada momento, pero también emplear la máxima y más rápida violencia con quien sea necesario. El comportamiento ocasionalista y relativista hace que el planteamiento político se mantenga en un equilibrismo permanente, en el que se precisa rapidez para reconocer a los nuevos amigos o enemigos, y para cambiar de bando. Tampoco nos da pistas Maquiavelo sobre cómo evitar que los demás descubran nuestras estrategias y acaben por no otorgarnos su confianza.

Un aspecto interesante consiste en aceptar una cierta renovación de costumbres y promover una mentalidad de cambio, algo que se antoja muy necesario en la actualidad.

Thomas Hobbes también insistía en la importancia de la fuerza como elemento clave del Estado, como herramienta para gobernar, y sostenía que lo que está al servicio del Estado es bueno por definición. Sin dudar de que la fuerza sea necesaria, lo más importante es que el Estado la emplee para mantener el orden y la paz, en beneficio del desarrollo del país. Como bien sabían los clásicos, es propio de un hombre inteligente sacar provecho, incluso, de los enemigos.

Lo cierto es que, además de las relaciones diplomáticas oficiales de los Estados, tanto los ejércitos como los servicios de inteligencia suelen mantener relaciones con sus homólogos de otros países, incluso con aquellos que no se pueden considerar aliados o amigos.

La prudencia activa

> «El poco juicio de los hombres hace que se dejen llevar por las apariencias sin prever el veneno que se oculta».
>
> (CAPÍTULO XIII)

La falta de prudencia es un defecto que debe evitar el príncipe. Prudente es aquel que sopesa en detalle qué hay que hacer y, además, lo hace, ya que la prudencia no consiste en no hacer nada.

La acción que requiere el liderazgo puede estar influida por una percepción inicial subjetiva. Por ello, para ejercer la prudencia activa, es clave intentar percibir la realidad con objetividad, escuchando y aprendiendo.

Dale Carnegie decía: «Si hay un secreto del éxito, este reside en la capacidad para apreciar el punto de vista del prójimo y ver las cosas desde ese punto de vista, así como desde el propio». Las expectativas de éxito a menudo nos pueden cegar e impedir ver la realidad subyacente. Si se puede definir lo que se espera de una persona, también se podrá orientar su conducta en esa dirección. Para obtener el máximo de eficacia, un líder tiene que conocer la capacidad real de sus colaboradores. Las expectativas que se basan en la observación de la situación real aumentan al máximo las probabilidades de que se alcance el éxito.

Hay que percibir con atención y perspicacia, para ser capaces de advertir cualquier cambio de la situación. Hoy más que nunca las cosas cambian y las decisiones no son inamovibles. El líder tiene que adaptarse a la situación de forma prudente, pero mediante la acción. Tanto el tacto como la prudencia son imprescindibles en todo buen gobierno.

Sabino Fernández Campo, quien fuera jefe de la Casa del Rey de España, decía que para triunfar en la vida hay que hablar mucho de las cosas, poco de los demás y nada de uno mismo. Sin duda, una gran lección de prudencia por parte de una persona que conocía muy bien los entresijos de la corte.

Al respecto de la prudencia, Mazarino decía: «No escribas nunca en una carta nada que pueda tener consecuencias en caso de ser leída por un tercero». Consejo de gran utilidad en nuestros días, en los que un correo electrónico o un mensaje enviado mediante un servicio de mensajería instantánea nunca se puede saber dónde va a terminar ni quién lo va a leer.

Acepta tus propios fallos

> «Se da una distancia tan grande entre el modo en el que se vive y el modo en el que se debería vivir, que aquellos que presentan como real y verdadero lo que sin duda debería serlo (pero que por desgracia no lo es) corren hacia una ruina segura e inevitable».
>
> (CAPÍTULO XV)

La concepción de Maquiavelo de vivir el presente y no preocuparse tanto de las consecuencias parece un guiño a la psicología positiva que tanta importancia tiene en la actualidad.

Maquiavelo examina también las disyuntivas entre el decir y el obrar, entre la mano caritativa y el guante de hierro, entre que te teman o que se burlen de ti. El príncipe debe saber que el ser humano no gusta de los débiles ni de los pusilánimes, que se acerca al que tiene el halo de la victoria y que no se deja embaucar por el falso buenismo.

Como señala la psicología positiva, no tenemos capacidad para intervenir sobre lo que ya ha sucedido en el pasado y tampoco podemos hacerlo sobre lo que aún no ha sucedido. El único tiempo en el que «vivimos» es el presente, y solo en él tenemos margen de acción y actuación.

Por otro lado, estar excesivamente obsesionado con actuar de forma perfecta e impecable, en cualquier situación, incluidas las relacionadas con la salud, nos puede llevar a una parálisis o a un autoencarcelamiento, a vivir en una burbuja de aislamiento. Como seres imperfectos que somos, debemos aceptar ciertos fallos y errores, porque eso no es incompatible con perseguir con denuedo el mejorar a diario como persona y como integrantes de la sociedad. Pero esto no tiene que llevarnos a la inacción obsesiva por temor a no hacer las cosas debidamente.

Confía, pero comprueba

> «El príncipe no debe hacerse tan temido que deje de parecer amable y provoque el aborrecimiento, pero es difícil encontrar un buen término medio y mantenerse en él».
>
> (CAPÍTULO XVII)

En la vida hay que encontrar puntos de equilibrio, lo que no siempre es fácil. Es innecesario insistir en la importancia de ser prudente, en cualquier aspecto. Pero esa misma prudencia no debe convertirse en un freno permanente a la acción, ni en la desconfianza de todo y de todos por sistema. Un exceso de prudencia paralizaría la ejecución de cualquier acto por temor a ser engañado, a fracasar o a sufrir daños.

Del mismo modo, pero en sentido contrario, ser excesivamente confiado es un riesgo demasiado grande, por lo que se debe evitar.

Quizá el punto justo se encuentre en lo que decía Ronald Reagan: «Confía, pero comprueba». En definitiva, lo ideal es la prudencia oportuna.

En cuanto a la confianza en los demás, Mazarino nos recomienda: «No confiar nunca secretos de importancia, ni siquiera a un íntimo; ya que no hay nadie que, con el tiempo, no pueda llegar a ser tu enemigo», y: «Procúrate información sobre todo el mundo, no confíes tus secretos a nadie, pero pon todo tu empeño en conocer los de los demás».

Estos dos consejos tienen una doble lectura. Por un lado, la idea de que quien cuenta un secreto a otro se hace esclavo de él. Además de que, cuando mejor te conozcan, más vulnerable serás antes sus ataques. Por otro lado, nos alecciona sobre la bien sabida ventaja que supone estar bien informado acerca de la vida y las acciones de los demás.

Maniobras de distracción

> «Apenas ascendió al trono, [Fernando de Aragón] dirigió sus ejércitos contra el reino de Granada y esta guerra fue la base de su grandeza, pues, ocupados los grandes de Castilla con las batallas, no prestaron atención a las novedades políticas y ni se dieron cuenta de cómo la autoridad del rey aumentaba cada día a su costa».
>
> (CAPÍTULO XXI)

El empleo de distracciones es importante cuando se quiere mantener entretenido al pueblo y evitar que se rebele. Es el papel que juegan en la actualidad los medios digitales, ya se trate de plataformas de televisión de pago o de redes sociales: no hace falta llegar a las «guerras». Hoy disfrutamos de tanta información (que no conocimiento ni sabiduría), que las distracciones se multiplican sin fin. Se puede decir que la comprensión que necesitamos en el siglo XXI es inversamente proporcional a la distracción.

También se juega con dos tipos de distracción, la sensorial y la emocional. En todo caso, cualquier príncipe prefiere siempre tener a las tropas y a los súbditos lo más entretenidos posible, si es preciso creando tareas un tanto artificiales, de tal modo que no piensen en volverse contra él. En este sentido, ha sido habitual crear y mantener enemigos, internos y externos, que sirvan de entretenimiento e inquieten.

Cuanto más idílicas sean las acciones, cuanto más se dirijan a cambiar algo de la historia de un país, más aglutinarán el sentimiento de pertenencia y será más fácil engañar con los atractivos de la utopía al pueblo. Proyectar tanto lo bueno como lo malo hacia un tercer espacio, lugar o gente, hace que el verdadero foco de interés se diluya. La idea subyacente es que se mire hacia fuera, no sea que mirar hacia dentro nos permita descubrir las faltas o errores del príncipe. Un ejemplo podría ser las acciones de falsa bandera, que tienen como objetivo responsabilizar a un tercero de una operación, para así conseguir una ventaja política o militar.

No todo consejo es bien recibido

> «Siempre le conviene al príncipe buscar consejo, pero lo debe hacer cuando a él le convenga y no cuando lo quieran sus súbditos».
>
> (CAPÍTULO XXIII)

«Consejo no pedido, nunca es bien recibido», se dice. Además, siempre cabe la duda de cuál es la finalidad auténtica del consejo que nos da una persona a la que no le hemos pedido asesoramiento. Es mejor desconfiar, sobre todo si se trata de alguien alejado de nuestro entorno más inmediato. Es probable que, con ese falso consejo, tan solo quiera conseguir que llevemos a cabo acciones o tomemos decisiones que le favorezcan.

La utilidad de la información recibida para decidir nos recuerda lo conveniente que es pedir opinión, escuchar, algo que hoy se mantiene plenamente vigente. Las personas inteligentes saben escuchar y aplican lo que oyen. Solo los necios se escuchan exclusivamente a sí mismos, sin entender que todo el mundo puede tener algo que aportar. Como decía Baltasar Gracián: «Ninguno hay que no pueda ser maestro de otro en algo».

Obvio es que los líderes tienen que hacer algo más que pedir esos consejos: tienen que escucharlos y aplicarlos. Hablamos, por lo tanto, de la cualidad de escuchar activamente para entender y hacer equipo. Se trata de recordar que «ninguno de nosotros es tan inteligente como todos nosotros juntos».

Lo que es evidente es que los tiempos de la acción los marca el príncipe. Si es solícito ante su círculo, se le verá dubitativo. Y si no los escucha, se detectará su soberbia. Solo debe escuchar cuando ya tenga una idea perfilada y necesite pedir asistencia para adoptar la decisión final y para su mejor ejecución. Así lo recomendaba Cicerón para triunfar en un proyecto, puesto que es más fácil apoyar y cambiar una idea, mejorándola, cuando se parte de algo estructurado. El príncipe quedará como el iniciador estratégico de la acción, y los demás como asesores y ejecutores.

La finalidad de un estado mayor es aportar asesoramiento al mando para que adopte su decisión, la cual es de su única y exclusiva responsabilidad; una vez tomada, el estado mayor le auxiliará en su puesta en práctica.

De lo que no hay duda es de que es tan importante tener

buenas ideas como escuchar y aplicar las buenas ideas de los demás. Eso es lo que hacen las personas inteligentes y no acomplejadas. Por eso es fundamental elegir buenos colaboradores.

Tampoco hay que olvidar que no solo debemos oír a los amigos para mejorar. Como decía Plutarco: «Muchas cosas las percibe mejor el enemigo que el amigo».

Entre los efectos de la tecnología debemos contar con la accesibilidad inmediata a la información, pero no al conocimiento. Recurrir al resto del equipo o a la pericia de los expertos es una necesidad que aún hoy se mantiene y que se ha revalorizado.

La inteligencia en la sombra

> «Es un grave error pensar que un príncipe será menos estimado si se deja aconsejar por otros, ya que entonces se le considera incapaz de conocer las cosas por sí mismo, porque si está falto de luces nunca conseguirá aconsejarse bien, a menos que tenga la rara felicidad de encontrar a un ministro hábil y honrado».
>
> (CAPÍTULO XXIII)

Aquí tenemos la influencia de la suerte. Si el príncipe no es sabio por sí mismo, ha de tener la fortuna, o la habilidad, de contar con alguien más capaz que se convierta en su mano derecha: la inteligencia en la sombra.

Dejarse aconsejar exige también tener criterio, porque, de no ser así, uno acabará engañado, como bien apunta Maquiavelo. Tener más información y conocimiento puede volvernos más mediocres en vez de más sabios. La cualidad que requiere la nueva sociedad es saber pensar, tener criterio.

Se dice que la sagacidad que la Naturaleza no te da, no la conseguirás con libros. En cambio, si, al ser consciente de tus flaquezas como príncipe, logras la alianza de un valido o asesor que sí posea ese don natural, pero al que la fortuna no le fue pródiga, entonces puedes gobernar bien. Pero, atención, debes ser lo suficientemente listo como para comprender que intentará ocupar tu puesto. Tienes que estar preparado para ese momento y unir su destino al tuyo, así él te será fiel y no te traicionará.

Al mismo tiempo, Erasmo de Rotterdam nos alerta de que: «No ha habido príncipes más pestíferos para el Estado que cuando el poder ha caído en manos de algún filosofastro o aficionado a las letras». Se podría añadir que muy especialmente cuando llegan al poder personas que optan por ignorar las realidades del mundo y de los hombres, por lo que basan sus decisiones e imposiciones en matices ideológicos, con resultados funestos para el conjunto de la sociedad.

11

SUERTE, VALOR Y VIRTUD

Un príncipe, según Maquiavelo, debe tener muchas facultades y capacidades. Una de ellas es sin duda el valor, que debe ir unido a la astucia y la fuerza, de las que se habló en el capítulo anterior. Todas ellas nos acercan al concepto de virtud que tanto gustaba a Maquiavelo y que tanto repite a lo largo de *El príncipe*. Es una virtud que no se debe entender en el actual sentido moral, sino en el antiguo, más cercano a nuestra idea de la excelencia, la máxima capacidad en el desempeño de sus funciones. Y junto a esta virtud del guerrero o el gobernante, se debe contar, dice Maquiavelo, con la suerte. Sin la ayuda de la fortuna, el príncipe más virtuoso puede caer, pero, al mismo tiempo, si se carece de esa virtud o excelencia, la suerte también vale de poco, pues no se sabrá aprovechar.

Que la suerte te encuentre trabajando

> «Toda su fortuna consistió en que se les presentó una ocasión favorable [...]. Si no se les hubiese presentado la ocasión, su virtud no habría sido suficiente, pero, sin ella, la ocasión se habría echado a perder».
>
> (CAPÍTULO VI)

Aquí confluyen dos factores claves para el éxito de cualquier empresa. No cabe duda de que hay que estar bien preparado, pero, por otro lado, no es menos imprescindible tener suerte. Sin la suerte nada es posible, por más que se intente y por grandes que sean los méritos que se posean.

Para el desarrollo de sus cometidos, el príncipe o líder debe consolidar su poder ya sea por su virtud o por la fortuna. Parafraseando a personajes famosos como Thomas Jefferson o Picasso, la suerte y el trabajo deben ir de la mano para conseguir el éxito. Como suele decirse: «Que la suerte te encuentre trabajando».

En la combinación de virtud y suerte, muchos opinan que prevalece la fortuna. Cuentan que Napoleón elegía a sus generales principalmente por dos valores: talento y suerte.

Y que, cuando alguna vez se le presionaba para que optara por solo uno de ellos, no dudaba en preferir la segunda.

No obstante, si bien la fortuna nos podrá ayudar, en la mayoría de los casos serán las aptitudes y las cualidades las que harán posible alcanzar el resultado deseado. La suerte no se puede controlar, pero la formación y la actitud para desarrollar y potenciar las aptitudes, sí.

El don de la oportunidad es crucial para el líder, que debe estar preparado para reconocer el momento propicio, o incluso para crearlo él mismo, en función de sus intereses. Y también deberá contar con la preparación necesaria o con el consejo fiable que le permita aprovechar el momento. Este tipo de sabiduría no consiste en un conocimiento técnico o propio de una formación estructurada, sino que está más cercana de la astucia. Esta le servirá para reconocer las señales que harán que la ocasión resulte favorable a sus intereses, siempre y cuando también sepa utilizar los resortes de la comunicación y la asertividad. Y, por supuesto, el dominio de la incitación, así como la creación de narrativas complejas que le servirán para mantenerse como figura de referencia. La frase «uno crea su suerte» es otra manera de expresar la idea que Maquiavelo esboza en este pasaje.

En este sentido, el príncipe Von Bülow opinaba que «la fatalidad es la disculpa de los incapaces y de los torpes», considerando que la suerte es un factor secundario a la hora de conseguir el éxito.

En el árabe marroquí, procedente a su vez del árabe clásico, existe la palabra *baraka*: la protección divina. Hace referencia a la bendición o gracia especial divina con la que nacen algunas personas, como los jerifes (miembros de la casa real de Marruecos, supuestos descendientes de Mahoma) o los morabitos (líderes religiosos). Lo cierto es que hay quien disfruta de ella desde su nacimiento, y quien no la posee nunca, o solo esporádicamente. Incluso se podría decir que los animales también tienen su propia *baraka*, pues no a todos les acontecen las mismas situaciones, penalidades o contextos favorables.

Por su parte, Erasmo de Rotterdam consideraba que: «La Fortuna ama a las personas poco sensatas, a los audaces». Y el propio Maquiavelo dice que conviene ser «más atrevido que prudente» y que la suerte suele favorecer a los jóvenes, porque «son más emprendedores y atrevidos».[1]

El lugar y el momento hacen necesario al líder

> «Ciro tuvo que encontrar a los persas descontentos bajo el imperio de los medos, y a los medos vagos y afeminados a causa de una larga paz».
>
> (CAPÍTULO VI)

Parte de la responsabilidad de un líder consiste en saber detectar y aprovechar las oportunidades que se le presentan. Maquiavelo nos recuerda que hay que saber elegir el momento adecuado para actuar.

1. Ver capítulo XXV de *El príncipe*.

Pero la idea encierra mucho más. Por un lado, la importancia de saber emplear a nuestro favor el descontento de una población con respecto a los extranjeros que la dominan. Esto sigue sucediendo en la actualidad en todos los escenarios en los que han entrado tropas extranjeras, y en los que es relativamente sencillo movilizar a los lugareños contra ellas, con el propósito de expulsarlas de sus tierras.

Por otro lado, disfrutar de largos periodos de paz hace que las costumbres se relajen, que se pierda el afán por mantener un ejército dotado de la adecuada capacidad disuasoria e incluso ofensiva, y que se llegue a pensar que la guerra es cosa del pasado e impensable en el futuro. Esa manera de pensar sitúa a ese pueblo en condiciones de indefensión ante nuevas agresiones, que no podrá repeler, al menos hasta que sea capaz (si es que lo logra) de reaccionar de manera adecuada.

El «enemigo de mi enemigo es mi amigo» es una idea semejante. Cuando un sistema se debilita, porque no responde a las necesidades de la población o porque el régimen está agotado y es incapaz de resolver sus propias contradicciones, entonces los colonizados, que todavía preservan su identidad debido a que es lo único que les queda para no perder sus raíces, intentarán la revolución, buscarán la independencia, lucharán por alcanzar la libertad o incluso aspirarán a conquistar el poder. En ese contexto, un nuevo conquistador podrá contar con la ayuda de los colonizados, que cumplirán la función de quinta columna, y podrá plantearse la invasión, el dominio de un territorio o, al menos, logrará imponer su influencia.

Adaptarse para vencer a la suerte

> «Los que no saben cambiar de método cuando los tiempos lo requieren sin duda prosperan cuando la fortuna los acompaña, pero se pierden cuando esta cambia, al no saber seguirla en sus frecuentes variaciones».
>
> (CAPÍTULO XXV)

Maquiavelo mantiene que el hombre posee una naturaleza invariable a través de los tiempos, que su actitud está arraigada en el lado biológico y que acaba siempre en el mismo camino. Incluso cuando la situación se transforma, no le será fácil cambiar. Hoy tenemos claro que la ciencia y la física han cambiado la vida desde el siglo XVI, y en la actualidad la tecnología es considerada como motor de cambio.

En nuestros días, adaptarse a los nuevos tiempos y requerimientos del entorno es crucial. Sabemos que incluso nuestra biología está cambiando, al igual que nuestra manera de pensar. El cerebro posee una increíble capacidad de adaptarse al cambio. Se trata de la plasticidad, que proviene del griego *plastikos*, que significa «con forma o moldeado», que permita el cambio en la estructura, circuitos, composición química o funciones del cerebro, en respuesta a las modificaciones en el ambiente.

Por su parte, las empresas mantienen como reto cambiar y desarrollarse más rápido que los competidores. Es una cuestión de supervivencia, de forma que el aprendizaje continuado ha surgido como uno de los valores más importantes a fomentar y estimular.

Un obstáculo que nos encontramos para fomentar la innovación es la cultura preexistente, que genera resistencia al cambio en las personas.

Cuanto más entreno, más suerte tengo

> «La fortuna no gobierna el mundo de tal modo que la prudencia humana no pueda influir en gran manera en los sucesos que vemos».
>
> «Los príncipes que confían demasiado en la fortuna se arruinan cuando ella los abandona».
>
> (CAPÍTULO XXV)

La suerte es un factor definitivo. Si no nos acompaña, cualquier empresa está abocada al fracaso, por más esfuerzos que se realicen. Pero, por supuesto, a la suerte hay que ayudarla. No olvidemos lo que decía Severiano Ballesteros: «Cuanto más entreno, más suerte tengo».

Algo importante es saber en qué tenemos más «suerte». Dicho de otro modo, no todas las actividades se nos van a dar igual, no somos capaces de desarrollar todos los cometidos con la misma soltura. Por eso tenemos que identificar en qué podemos tener más fortuna, por el sencillo hecho de contar con una predisposición natural hacia esas prácticas.

La suerte es importante. Pero hacer las cosas bien para tener suerte no es más que usar con astucia la probabilidad y la prospectiva. Solo así los actos parecen suerte cuando en realidad consisten en abonar el terreno. La suerte sonríe al que sabe leer entre líneas y se pregunta el porqué de todo.

Pero si pensamos que la clave del éxito está únicamente en la suerte, no estamos dando valor a las destrezas o la capacidad humana. Si conocemos miles de historias de aventureros o innovadores que han sido escogidos por el destino es porque no nos enteramos de las que no tuvieron tanta suerte. Como comprobó Danny Kahneman: «La evolución es una serie de chiripas, algunas buenas y muchas malas, pero solo vemos las buenas».

La impetuosidad inteligente

«Conviene más ser atrevido que en exceso prudente».

(CAPÍTULO XXV)

Aunque Maquiavelo considera la prudencia como un valor importante, su espíritu de acción le hace estar convencido de que es mejor ser atrevido. Es lo propio del liderazgo de hoy, un liderazgo de acción: si lo piensas, hazlo. ¡Mejor arrepentirse de haberlo intentado que de no haberse atrevido nunca!

El diccionario de la Real Academia define el *pancismo* como la actitud de quienes acomodan su comportamiento a lo que creen más conveniente y menos arriesgado para su provecho y tranquilidad. Tiene que ver con nuestro instinto de autoconservación. Pero hoy, de nuevo con el cambio y los entornos que nos toca vivir, lo que se promueve es la acción.

La fortuna sonríe al arrojado porque el «efecto halo» y la sorpresa juegan a su favor. La capacidad de imponer tu opinión deriva de ser más rápido y constante que los demás. Todo el mundo valora la acción decidida. El único que no se equivoca es el que no hace nada. Actuar impetuosamente no implica no tener un plan o no pensar en lo que se hace. Es una forma de generar acción en los otros, dirigiendo sus propias acciones. Ser impetuoso es ser proactivo, provocando que los demás sean reactivos y revelen sus opiniones y planes.

También se suele decir que la suerte sonríe a los audaces, si bien Baltasar Gracián pensaba que: «Todos los necios son audaces». Por otro lado, suele decirse que «si tienes poco que perder, arriesga al máximo».

Como en todo, debe imperar un equilibrio. Un exceso de prudencia puede llevar a una parálisis total, a que nunca se encuentre el momento adecuado para actuar, por lo que las decisiones se pueden eternizar, no llegar nunca. Por otro lado, ser impetuoso en demasía puede significar adoptar riesgos innecesarios. Por lo tanto, lo ideal sería una prudencia limitada, y una impetuosidad inteligente y fundamentada.

12

LAS APARIENCIAS Y EL ÉXITO

Fingir, disimular, desviar la atención, desinformar e incluso mentir son características propias del príncipe maquiavélico que, por desgracia, siguen plenamente vigentes hoy en día.

La primera impresión es la que cuenta

> «Un príncipe es menospreciado cuando gana fama de inconstante, de ligero, pusilánime, carente de resolución y afeminado».
>
> «[Debe] siempre esforzarse en mostrar grandeza de ánimo, seriedad, valor y energía en todas sus palabras y actos».
>
> (CAPÍTULO XIX)

Muchas veces los instintos de la amígdala y del cerebro reptiliano se imponen de forma radical a las partes del cerebro más evolucionadas o que corresponden al raciocinio y la socialización, como es el córtex prefrontal. Todos los experimentos que se realizan en los que la respuesta tiene que ser rápida, sin pensar, sin justificarse, siempre revelan la parte más instintiva. Se dice que, al igual que en las compras hay una pulsión de satisfacer hormonas y sentimientos, en la valoración que se hace a primera vista de una persona, la primera impresión, lo que cuenta es si la imagen satisface al instinto «primitivo», en el sentido de superación y supervivencia. Noam Chomsky lo traslada a los discursos, que son efectivos cuando se refieren a lo primario, a lo que constituye la identidad. Si el príncipe es capaz de hacerse ver así, será lo que se llama un líder natural.

En nuestros días, el espíritu de las empresas consiste en hacer todo lo posible para que se hable bien de la marca, lo que representa un gran esfuerzo, con la finalidad de posicionarse en el mercado y conseguir prestigio y reputación corporativa.

Somos lo que representamos

> «Se percibe al instante lo que un hombre parece ser, pero no lo que realmente es».
>
> (CAPÍTULO XVIII)

Maquiavelo insiste en la importancia de las apariencias. Después de todo, somos lo que representamos. Muy pocos pueden llegar a conocernos más allá de nuestra capa superficial, pues una cosa es lo que en verdad somos y otra, a veces muy diferente, lo que aparentamos.

De ahí que Maquiavelo haga hincapié en que debemos ser capaces de transmitir una apariencia adecuada; en el caso del príncipe, acorde con su condición. En definitiva, la enorme importancia de las apariencias. Tanto es así que Gracián nos recuerda: «Aun a la persona que no conocemos, por el porte la juzgamos».

Cada minuto nace un tonto crédulo

> «Todo el arte consiste en representar el papel con propiedad, y en saber disimular y fingir, porque los hombres son tan débiles e incautos que cuando uno se propone engañar a los demás, nunca dejará de encontrar tontos que le crean».
>
> (CAPÍTULO XVIII)

Una de las claves para sobrevivir en política consiste en simular lo que no se es, pero disimular lo que sí se es. Lo vemos con frecuencia en los currículos falseados, inflados con falsos títulos o experiencias profesionales. También se ocultan bienes, propiedades, hechos o actos, y hasta circunstancias personales, por considerar que pueden no gustar a la ciudadanía.

Lo más llamativo es que, una vez descubierto el entuerto, la ciudadanía lo acepta con mansa pasividad, como si simular y disimular fueran características inherentes al líder. Precisamente tendría que ser todo lo contrario, e incluso se debería criticar a aquellos que encima presumen de transparencia, palabra que usan sin cesar pero que no se aplican a sí mismos.

Quizá por eso siempre hay que desconfiar de las ostentaciones de ciertos personajes, pues, como dice el dicho: «De dinero y santidad, la mitad de la mitad». En la misma línea de pensamiento, Mazarino aconsejaba: «Guarda para ti lo que sabes y finge ignorancia», en cuanto a ocultar el conocimiento que se tiene de las cosas.

También suele decirse que, si quieres camuflarte entre las ovejas, no seas un lobo, sino un conejo; si quieres comer entre los tigres, no seas un león, sino un gato. Así siempre pasarás desapercibido, nadie te molestará y podrás conseguir tu objetivo de atacar desde dentro.

Hay quien sabe disimular con tanto arte su vileza y perversidad que logra pasar por bueno, gentil, bondadoso y genuinamente preocupado por los demás, aunque lo que subyace en su alma sean ansias desmedidas de poder, de imponer su voluntad e ideología a la sociedad. Un observador muy avezado podría detectar esta estratagema entre algunos de nuestros líderes políticos, pero no siempre es fácil descubrir si quien la emplea es lo suficientemente astuto y artero, lo que lo convierte en especialmente peligroso. No se debe olvidar que no hay peor diablo que el que no huele a azufre.

Una astucia que recomienda Baltasar Gracián es: «Sin mentir, no decir todas las verdades». Lo que se aplica con frecuencia en el ámbito de los servicios de inteligencia, en el sentido de decir la verdad, nada más que la verdad, pero no necesariamente toda la verdad.

Por otro lado, las personas no somos ingenuas; nos hacen ingenuas y nos quieren mantener en ese estado. Es lo que siempre ha intentado el líder. Al poder nunca le ha interesado tener súbditos bien formados y con espíritu crítico.

En la actualidad, la tecnología y la hiperconexión permiten que el engaño pueda llevarse a cabo con mayor rapidez y que alcance a prácticamente todo el mundo. Porque disponer de más información no significa en absoluto que haya menos posibilidades de que nos engañen. Los grandes manipuladores mezclan con tanta astucia la verdad con la mentira que es muy difícil desentrañar cuál es la realidad.

Y, por supuesto, saben enviar los mensajes adecuados, que remueven emociones, para conseguir su engaño.

> «Cuando de lo que se trata es de juzgar el interior de los hombres, y en especial el de los príncipes, puesto que no se puede recurrir a un tribunal, es preciso atenerse a los resultados».
>
> (CAPÍTULO XVIII)

«Por sus obras los conoceréis». Las citas bíblicas son claras a este respecto, pues se debe juzgar a la persona por sus obras, más allá de las palabras y de las promesas.

Así, hay que centrarse en el resultado, ya que vamos a ser juzgados por ello.

El «efecto CNN»

> «El príncipe que quiere mantenerse se ve obligado en muchas ocasiones a ser malo».
>
> (CAPÍTULO XIX)

De nuevo, puro realismo. Una cosa es tener la voluntad de actuar siempre pensando en ser bondadoso y generoso, espléndido con todos, y otra muy distinta la dura realidad de la pelea cotidiana. Resolver de forma constante complejos asuntos de Estado no siempre es sencillo, ni mucho menos. En buena parte de las ocasiones, el príncipe se verá obligado a actuar con cierta perfidia. Y no porque lo haga en su propio beneficio, sino porque se lo exigirán sus altas responsabilidades. En un mundo imperfecto, las acciones y las soluciones perfectas no siempre se encuentran ni son aplicables.

En ese afán de controlar los efectos negativos de la acción de gobernar, Nicolás Maquiavelo tenía una visión que ponía por encima de todo las estrategias para alcanzar y conservar el poder político, sin importar los medios utilizados.

En su interpretación daba por sentado que el gobernante ambicioso solo pensaba en sus propios intereses, sin mostrar la menor preocupación por sus subordinados ni por las personas que debía aplastar para alcanzar sus objetivos.

El factor diferenciador actual que cambiaría esta interpretación está en el llamado «efecto CNN», que ha influido de forma importante sobre los gobiernos occidentales: imágenes en directo, situaciones de crisis humanitarias, los efectos de la guerra vistos desde el televisor... Todo ello ha producido un cambio de mentalidad y percepción en nuestras sociedades, que a veces ha provocado una modificación en el proceso de toma de decisiones en el ámbito político. De la misma manera, las acciones que han llevado a actuar de forma «no tan buena» se han visto criticadas, produciendo graves consecuencias o incluso dimisiones.

En cualquier caso, nunca llueve a gusto de todos y, por tanto, se debe aceptar que algunas veces el príncipe o líder será injusto, incluso a sabiendas, para que, amparándose en el bien común, se le vea como a un «padre» y no como a un «Caín». El príncipe nunca dejará las purgas; siempre conspirará, ya que este es el estado en el que sus responsabilidades le ponen día tras día. El poder tiene la capacidad de justificar por medio de la norma consuetudinaria cualquier acto, incluso los malos. Pero será por tradición, o en su nombre, como se ejerza la acción injusta. Por lo que, como mero instrumento, el príncipe está a salvo de que se le identifique o personalice como el malo o el ejecutor arbitrario. Esta técnica era muy usada en las intrigas medievales para ganarse servidores de la gleba a los que proteger o de los que obtener vasallaje.

13

PREMIOS Y CASTIGOS

Las personas muchas veces reaccionan en función de los premios o castigos que reciben, tanto en tiempos de Maquiavelo como actualmente, en que las neurociencias nos revelan la importancia de estos dos estímulos opuestos del comportamiento humano.

Premios a cambio de afecto y fidelidad

> «Cuando los hombres reciben beneficios de la misma mano de la que esperaban agravios, se aficionan a su dueño con mayor eficacia».
>
> (CAPÍTULO IX)

Es fundamental que el príncipe aplique una adecuada gestión de recompensas o premios con el objetivo de causar una percepción positiva y ganarse al pueblo.

Es pura demagogia cuando de forma pública y llamativa el príncipe quita la razón al poderoso y se la da al débil para, de este modo, crear a su alrededor un halo de justicia y de falso igualitarismo: la imagen hipócrita de un príncipe ecuánime. El efecto de fingida bondad se produce cuando, ante una disputa del rico con el pobre, este último descubre que es tan valioso a los ojos del gobernante como el poderoso. Así, por la vía del sentimiento y el camino de un supuesto igualitarismo, el pueblo se sentirá en deuda con el príncipe. Este tipo de actos, si se convierten en odas, relatos y fábulas, son muy eficaces para controlar la conciencia de un pueblo, que ya no se ve a sí mismo como sometido, sino que obedece de buen grado ante la demostrada magnanimidad del príncipe.

En la actualidad también se influye con los beneficios, aunque hay que diferenciar entre un regalo y una recompensa o premio. Un premio es algo que te has ganado con tu trabajo o esfuerzo; el regalo, por el contrario, se recibe sin tener que hacer nada antes y sin que se espere nada a cambio. El problema en el liderazgo surge cuando se confunden los términos y se espera, como obligación, que el beneficio sea devuelto.

Un premio bien otorgado, una mirada sincera o incluso un café pueden hacernos cambiar de actitud. No siempre se da la importancia debida a los premios, que pueden no solo reforzar las acciones positivas, sino también lograr que se repitan, además de servir de ejemplo para otras personas. Cuentan que, estando en su lecho de muerte, le preguntaron al mariscal Montgomery de qué se arrepentía más. Sin dudarlo, el héroe de El Alamein contestó: «Tuve hombres extraordinarios bajo mi mando, pero los recompensé poco». Obviamente, sus tropas no esperaban de él que las castigara, pero si les hubiera otorgado más medallas y distinciones, sin duda las habría animado aún más en el combate y su agradecimiento habría sido eterno.

Premia los esfuerzos, castiga las malas acciones

> «No cabe duda de que un príncipe debe ser clemente, pero en su momento y con prudencia».

> «No debe tenerse en cuenta la nota de crueldad cuando de lo que se trata es de contener al pueblo en los límites de sus deberes, porque al final se descubre que habría sido uno más humano aplicando un pequeño número de castigos indispensables que aquellos que por querer ser indulgentes provocan el desorden, que después se convierte en rapiña y muerte. Porque los tumultos o bien comprometen la seguridad del estado o bien lo destruyen, mientras que los castigos que un príncipe impone a los delincuentes solo recaen sobre esos mismos particulares».
>
> (CAPÍTULO XVII)

Basándose en principios como los que expresa aquí Maquiavelo, muchos gobernantes totalitarios han justificado su crueldad con la excusa de proteger al Estado. Con esta premisa se han cometido todo tipo de salvajismos, con una falta absoluta de respeto por la vida humana.

El argumento es que la crueldad es excusable en la medida en que tenga como beneficiarios últimos a los ciudadanos, y siempre que su aplicación persiga el objetivo final de brindar seguridad a la población. Sin embargo, cuando se dispone de un poder omnímodo, es fácil extralimitarse y caer en el vicio de la crueldad *per se*.

El dilema se establece entre la necesidad del soberano de cometer actos de crueldad para mantener a sus súbditos unidos y seguros, lo que le puede aportar fama de cruel, o si, por el contrario, en su pretensión de que le consideren piadoso, debe permitir que continúen los desórdenes, que degenerarán en asesinatos y robos, y que, a la larga, terminarán por perjudicar a los súbditos. El príncipe tiene que ser ejemplarizante en los castigos y magnánimo cuando corresponda, pero debe analizar las circunstancias y sopesar el beneficio que sus acciones puedan causar en su reputación. Si para lograr sus objetivos ha de ser cruel, que lo sea, pensando más en la reputación final y en que el sacrificio de unos redundará en el beneficio común. De este modo provocará un aprendizaje vicario: obramos según vemos cómo les va a los otros en su modo de actuar. Es decir, quienes vean los castigos se lo pensarán dos veces antes de cometer ofensas semejantes.

Lo que nunca se debe olvidar es que la sociedad que no premia los esfuerzos ni castiga las malas acciones termina por languidecer.

La oportunidad del castigo

> «Si se encuentra el príncipe al frente de su ejército y tiene bajo su mando a un gran número de soldados, no debe preocuparse de que estos lo consideren cruel, porque le será útil esta reputación para que su tropa se mantenga obediente y para evitar que surjan facciones».
>
> (CAPÍTULO XVII)

De lo que no cabe duda, a la hora de dirigir un grupo, sea en el ámbito militar, civil o incluso familiar, es de que tan importante es el premio como el castigo.

Basar la dirección de los equipos tan solo en los premios es un gran error. El temor al castigo, siempre que sea justo y ponderado, evitará que se repitan las acciones perniciosas.

En tiempos pretéritos era habitual que, cuando las tropas se desplazaban para entrar en combate, lo hicieran acompañadas de un verdugo, para que aplicaran la pena máxima, con objeto de mantener la disciplina. Además, los castigos físicos eran lo más frecuente y se aplicaban a la mínima falta. A este respecto, Jenofonte pensaba: «Lo que más incita a la obediencia es alabar y honrar al sujeto obediente, y deshonrar y castigar al desobediente».

Hoy en día se ha caído en el extremo opuesto y no son pocas las personas que, con la mejor intención, piensan que el castigo no es positivo y que, en cualquier ámbito, solo se puede conseguir la rectitud en el obrar mediante el refuerzo positivo. Sin duda es un propósito loable y ojalá funcionara para todo el mundo, pero la experiencia demuestra que sin temor a un castigo —por supuesto, alejado de cualquier crueldad— muchas personas no pueden conducirse por el buen camino. Como todo, en el equilibrio está la solución, que, además, debe adaptarse al signo de los tiempos.

Los privilegios deben corresponderse a los méritos

> «[Se debe] suponer más mérito a aquellos que se exponen a mayores peligros».
>
> (CAPÍTULO XX)

Este principio es tan elemental como razonable: debe recibir más quien más aporta al grupo, a la sociedad, quien tiene mayores responsabilidades y afronta mayores penalidades. A pesar de parecer algo obvio, en algunas sociedades avanzadas, hay quien no está de acuerdo con esto y piensa que todo el mundo debe recibir lo mismo, con independencia de las condiciones que exige el desempeño de su puesto. Eso se ha demostrado muy desmotivador, y a la larga termina por minar y perjudicar el interés general del grupo. Por ejemplo, uno de los principios marxistas-leninistas es que se debe dar a cada uno según sus necesidades, con independencia de lo que aporte a la sociedad. Ni que decir tiene que el pensamiento de Maquiavelo se opone frontalmente a esta idea.

El debate acerca de conceder más o menos privilegios es permanente. Hay que evitar privilegiar solo a los más cercanos o promover favores sin méritos, defectos que siempre han influido en el prestigio del líder.

Asociar privilegios a las acciones meritorias con mentalidad cuantitativa, en lugar de privilegiar a las personas más afines, es una manera de aportar criterio en la distribución. Para crear culturas que permitan un liderazgo humano, los líderes deben saber premiar y otorgar los privilegios con justicia.

Antes se decía que «el mando que no abusa se desprestigia». En la actualidad, el modelo de liderazgo ha cambiado y se piensa precisamente lo contrario. A pesar de ello, vemos una y otra vez cómo ciertos líderes se conceden a sí mismos privilegios abusivos, porque consideran que están realizando esfuerzos excepcionales cuando, en realidad, tan solo están llevando a cabo el cometido por el que reciben un sueldo público.

Por otro lado, Gregorio Marañón aconsejaba que «se pagase bien a ministros y consejeros que trabajan por el país y cuya buena remuneración es la mejor garantía de su independencia». Es indudable que si se desea que los mejores sean los que rijan los destinos de la sociedad, más allá de que tengan una vocación acendrada de servicio público, es preciso que estén bien pagados, como fórmula esencial para captarlos y retenerlos, al tiempo que se evita en mayor medida cualquier tentación de caer en la corrupción. Eso permitirá que, en tanto que bien pagados, también sean bien exigidos.

14

LA PREVISIÓN, PREPARACIÓN Y ENTRENAMIENTO

Demasiado a menudo se intentan remediar los problemas cuando ya es demasiado tarde. Un buen líder no debe estar a merced de los acontecimientos, sino que debe anticiparse a ellos, para ser capaz de hacerles frente cuando llegue la ocasión. La previsión es una de las cualidades más necesarias para Maquiavelo, y también para nosotros.

Un líder debe ser capaz de vislumbrar el futuro

> «El príncipe no es sabio si no advierte los males excepto cuando ya no queda tiempo para remediarlos. Este es un talento que pocos hombres poseen».
>
> (CAPÍTULO XIII)

La afirmación no puede ser más acertada, y poco se puede añadir. Como bien señala Maquiavelo, ser capaz de prever las situaciones, sobre todo las negativas, no está al alcance de cualquiera. Aunque es algo que se puede estudiar y mejorar, es más propio de un instinto innato, una especial sensibilidad, un talento para vislumbrar el futuro y para detectar cómo pueden degenerar las situaciones o las personas. A veces se trata de pura intuición.

Es cierto que se ha intentado mecanizar y matematizar este tipo de predicciones, y en algunos supuestos funciona relativamente bien, cuando se examinan múltiples indicios que generan posibles consecuencias. Pero lo habitual es que falle el análisis del factor humano, ese aspecto impredecible tan propio y característico de las personas, que hace tan difícil acertar sobre lo que va a acontecer cuando en el proceso interviene de alguna manera la psicología humana.

En todo caso, se debe estar bien aconsejado o tener capacidad para advertir las primeras señales de decadencia de un sistema.

Predecir te da poder

> «Los romanos hicieron lo que debe hacer cualquier príncipe prudente, que no se limita a remediar los males presentes, sino que también prevé los futuros. Cuando los males se conocen con anticipación, los remedios son fáciles».
>
> (CAPÍTULO III)

Maquiavelo sostiene que una de las funciones del líder o príncipe consiste en detectar los problemas a tiempo y ponerles remedio cuanto antes. En definitiva, nos habla de la capacidad de anticipación, un aspecto que caracteriza a los líderes efectivos y que se ha visto potenciado por el crecimiento de la tecnología. Hoy se acepta de manera unánime que las previsiones que anticipan problemas permiten aplicar soluciones más eficaces. Los esfuerzos realizados en los *sistemas predictivos*, basados en inteligencia artificial, pueden darnos una idea del interés que esta cuestión despierta en la actualidad.

Los aspectos que analiza Maquiavelo son los que hoy en

día se llaman análisis de «prospectiva», ya sea en política, en sociología o en ámbitos de inteligencia. La prospectiva permite, mediante el análisis de los indicadores del presente o examinando las causas de la situación actual, prepararse para escenarios en los que nuestras «conductas o acciones» podrían generar disensos políticos, conflictos de cualquier tipo, crisis en el ámbito civil y militar, o entre países e intereses. Por eso, generar alertas tempranas, que no es otra cosa que permanecer atentos a los indicadores que hemos señalado como causas de los cambios, nos permite poder conocer los problemas o conflictos e interferir en ellos cuando se encuentran todavía en sus inicios. Un problema o conflicto no se arregla fácilmente cuando estalla, puesto que su evolución ha estado sometida a tantos factores que ya no podemos controlar el problema.

Un conflicto se gestiona mucho mejor cuando está en fase embrionaria. Pero ¡atención! Eliminar un problema en sus inicios no garantiza tener éxito, ni evita que aparezca otro problema de igual o superior magnitud. Tan solo se puede tener un control total predictivo en ciertos procesos. Toda acción que ejerzamos sobre una situación en sus primeros momentos causará de manera inevitable que aparezcan otros problemas con los que ni siquiera contábamos. Toda intervención sobre sujetos, objetos o situaciones interfiere en su normal desarrollo. Hoy en día, la prospectiva, ayudada por los avances en algorítmica y en inteligencia artificial, permite un análisis de «n» escenarios, de forma que siempre encontramos respuestas, acertadas o no, a qué hacer.

En 2017, el Pentágono inició el «Proyecto Maven» con el objetivo de desarrollar un algoritmo de guerra con capacidad de predicción. Un sistema que hasta hace poco sonaba a ciencia ficción, o que nos recordaba la película *Minority Report*. Su propósito es aprovechar todos los sensores del campo de batalla moderno y, con estos datos, elaborar predicciones en tiempo real. El objetivo es adelantarse al enemigo en el proceso de toma de decisiones, eliminando, o al menos reduciendo, la incertidumbre que siempre impera en la guerra, aquello que Carl von Clausewitz llamaba la «niebla». Hoy más que nunca la información es poder, especialmente cuando es concisa, precisa y oportuna; y además cada vez es más ampliamente accesible. La predicción es lo que marca la auténtica diferencia, el verdadero poder y, al menos de momento, es exclusiva de unos pocos.

La idea general de Maquiavelo, que sigue siendo válida, es la de identificar problemas y reducir los clásicos ciclos de decisión. Ya quedó demostrada la rentabilidad de enfocar científicamente estos ciclos y acortar los tiempos gracias a John Boyd, piloto estadounidense que logró redefinir la secuencia de decisión de los pilotos de combate de manera innovadora mediante una secuencia que pronto se estandarizó: el ciclo «OODA» (observar, orientar, decidir y actuar). Hoy se mantienen los avances relacionados con estos ciclos gracias a la aplicación de inteligencia artificial. Si decidir es clave para el líder, y hacerlo de manera oportuna es lo que marca la diferencia, conseguir hacerlo de forma anticipada es ya la revolución.

Por suerte o por desgracia, no todo es tan científico. De momento, el uso de la tecnología no implica un aumento directo de la fiabilidad de las predicciones. El lado intuitivo, específicamente humano, sigue siendo relevante, e incluso se ha visto potenciado.

También hemos aprendido de nuestros errores de previsión acumulados acerca de sucesos políticos y económicos, que suelen tener consecuencias terribles, como dice Nassim Taleb, el padre de los «cisnes negros»: «Lo sorprendente no es la magnitud de nuestros errores de predicción, sino la falta de conciencia que tenemos de ellos».

Esta falta de conciencia implica que ciertos profesionales puedan pensar que son expertos cuando en realidad no lo son. La reputación de los considerados expertos no tiene por qué coincidir con la fiabilidad de las predicciones realizadas, que pueden llegar a ser irrelevantes, puesto que se da más importancia a otros factores, como su popularidad, su capacidad de crear polémica o de entretener, su habilidad comunicativa, e incluso el papel de *influencer* que estén representando.

Conocer la guerra en tiempo de paz

> «El príncipe que no conoce el arte de la guerra no puede granjearse el aprecio de las tropas ni fiarse de ellas».
>
> «En lo que se refiere a las armas, el príncipe debe esforzarse en que sus tropas estén bien disciplinadas y que se ejerciten con regularidad. La caza le servirá mejor que cualquier otra cosa para acostumbrarse a la fatiga y al sufrimiento de las intemperies del clima.

> Este ejercicio también le enseñará a observar los lugares y las posiciones, a conocer la naturaleza de ríos y lagunas, a medir la extensión de las llanuras y de los montes, al mismo tiempo que adquirirá el conocimiento de la topografía del país que debe defender y se acostumbrará poco a poco a reconocer los lugares a los que la guerra podrá conducirlo después».
>
> «El general que desprecie este conocimiento nunca sabrá cómo encontrar al enemigo, ni guiar a sus tropas, ni acamparlas, ni dar una batalla a tiempo».
>
> (CAPÍTULO XIV)

A propósito del liderazgo militar, Maquiavelo señala el conocimiento del arte de la guerra como parte del papel que tiene que desempeñar el príncipe. Además de destacar la importancia del entrenamiento y de la preparación física, jamás hay que descuidar el aspecto mental.

Cualquier príncipe que se precie debe, también en tiempos de paz, tener conocimientos sobre la guerra y las vicisitudes que se padecen en los campos de batalla. Si las conoce, valorará los usos de la milicia, podrá comprender los límites y capacidades de sus tropas e insuflar ánimo a sus soldados y a la ciudadanía mediante el ejemplo. No solo mostrará su liderazgo en la paz, sino también como capitán y comandante en la batalla, corriendo la misma suerte que sus hombres, y haciéndose valedor de confianza al demostrar capacidad. En el mundo actual, aquellos líderes que siguen este comportamiento alcanzan mucho predicamento entre su población.

La necesaria disciplina en el combate depende de la existencia de una eficaz disciplina durante la preparación en tiempos de paz, sin eludir ningún esfuerzo. Por ello, los ejércitos siguen recurriendo a la fatiga y al ejercicio físico para mejorar las fuerzas.

Por otro lado, no debe olvidarse que se combate como se entrena, pues pocas cosas se improvisan en una situación de enfrentamiento.

El factor de la disciplina es una idea clásica que ha caracterizado a los ejércitos a lo largo de la historia. También tiene sus interpretaciones, y si hay una excepción notable es la del ejército de Israel, con multitud de detalles externos que podrían parecer una relajación de la disciplina, al menos desde el punto de vista de otros ejércitos. Los soldados israelíes se llaman por su nombre propio, evitan formulismos, prescinden de los saludos reglamentarios y a veces parecen más un grupo de amigos de excursión que una tropa regular. Ni siquiera prestan excesiva atención al aspecto externo, como ir bien afeitados o llevar el pelo corto o bien recogido. Además, son habituales las reuniones para criticar la acción del mando, a veces de forma un tanto descarnada. Sin embargo, estas aparentes muestras de indisciplina no le restan un ápice de eficacia en su desempeño.

Hoy en día se siguen buscando determinadas habilidades para el «capitán» o líder, pero todas se tienen que formar y consolidar en los tiempos de paz. La relación entre competencias y la ausencia de autoritarismo parece darse a lo largo de la historia, y no cabe duda de que la evolución del campo de batalla ha ido transformando tales destrezas. Muchas organizaciones están impulsando la formación y promoción de las «habilidades blandas» como eje sobre el que gira el nuevo liderazgo. Por otra parte, el futuro papel de las máquinas, de la robotización del combate, está planteando un cambio de paradigma que pronto exigirá nuevas habilidades.

Para mantener la paz, el príncipe Von Bülow nos enseñaba que la clave está en «no provocar a nadie y no dejarse pisar por nadie». También nos recordaba que «en la política extranjera la cortesía no excluye a la firmeza. Lo importante es saber emplear una y otra en el momento oportuno». Esto es esencial, incluso en las relaciones con países vecinos, con los que se está condenado a entenderse, lo que no significa ni mucho menos ceder una y otra vez a sus pretensiones, en especial si estas camuflan ambiciones irredentistas sobre una parte del territorio propio.

Para evitar la guerra, prepárala

> «El arte de la guerra es el único estudio al que deben dedicarse los príncipes, pues es la ciencia de los que gobiernan».

> «Los príncipes [...] necesitan dedicarse por entero al arte de la guerra, que exige, además del esfuerzo mental, ejercitarse en las armas».

«Es necesario que el príncipe tenga bastante prudencia como para alejarse de aquellos vicios y defectos que pudieran causar su perdición».

(CAPÍTULO XIV)

Hay que reconocer que estas sentencias de Maquiavelo siguen teniendo vigencia, aunque con un importante matiz: el príncipe debe estar preocupado de que su ejército esté bien preparado para la guerra, pero con la finalidad primordial no de entrar en ella, sino de evitarla. Es decir, la primera misión de un ejército competente debe ser la disuasión.

El príncipe que se tenga por tal debe hacer suyo el adagio: *Si vis pace, para bellum* («Si quieres paz, prepárate para la guerra»). Desde el primer acto de su mandato debe tener claro que siempre estará rodeado de enemigos y de peligros que acechan a la república. Si bien es propio de una mentalidad antigua pensar siempre que el enemigo está al acecho, en los últimos años vuelve a resurgir la sensación de que estamos amenazados de diversas formas y de nuevos modos. Y también se extiende en el imaginario político la idea de que nos hallamos siempre en conflicto, temiendo a otros que pretenden imponer su superioridad y que siempre están dispuestos a arrebatar mediante las armas lo conseguido por el príncipe y sus ejércitos.

Hoy nos preocupan la guerra económica, la lucha por las materias primas o, sencillamente, los conflictos en el mundo digital y el ciberespacio. Pero un país fuerte sabe que para mantener su estabilidad tiene que mejorar continuamente sus ejércitos y armas. Debe permanecer siempre en estado de alerta, porque los peligros y la intención de debilitarlo y dominarlo serán cambiantes. Los enemigos internos y externos esperan cualquier confusión, o que el príncipe baje la guardia y descuide sus tropas para desestabilizar o conquistar el Estado.

Es cierto, por otra parte, que, como bien dice Maquiavelo, vivir con excesiva comodidad lleva a un relajamiento muy pernicioso, pues se corre el riesgo de desatender la necesaria preparación de los ejércitos para defender y proteger al Estado. Esta situación es habitual tras largos periodos de paz, que pueden ser aprovechados por los «bárbaros» de turno, tanto provenientes del exterior como ya existentes en el interior.

El exceso de comodidades siempre se ha visto en la milicia como tóxico y, por lo tanto, conviene evitarlo a toda costa. Como suele decirse en el ámbito castrense: «El sudor en la instrucción ahorra sangre en el combate».

Por otro lado, el líder cercano, que busca dar ejemplo, debe vivir las mismas situaciones y penalidades que sus hombres.

Desde la creación de organismos internacionales para regular (y controlar) los enfrentamientos bélicos, hay que tener en cuenta que el concepto formal de guerra ha evolucionado. Estados Unidos declaró oficialmente la guerra por última vez el 5 de junio de 1942, con su participación en la Segunda Guerra Mundial. Lo que no ha sido óbice para que haya estado implicado en alguna guerra casi sin interrupción desde entonces. Hoy en día estamos viviendo un periodo en el que se cuestiona definir las diferencias entre dos Estados como «guerra» o «paz», aunque el escenario internacional y las nuevas tendencias apuntan en otra dirección.

Según Joel Brenner, jefe de contrainteligencia de la Agencia Nacional de Seguridad estadounidense: «En Estados Unidos tendemos a pensar en la guerra y la paz como si se tratara de un interruptor con dos posiciones: encendido y apagado. La realidad es diferente. Ahora vivimos en un permanente estado de conflicto entre naciones, pero que rara vez desemboca en un enfrentamiento armado».

En el escenario actual, y con nuevas estrategias como la practicada por China, se puede estar en «guerra» y en «paz» a la vez. Y además debemos tener en cuenta como nuevo campo de batalla el ciberespacio, que puede producir sus efectos en el mundo físico e incluso causar violencia. En 1982, cuando un gasoducto soviético en Siberia explotó como consecuencia de algún tipo de sabotaje cibernético, se asistió a una nueva realidad y varios expertos lo consideraron como el primer acto de guerra cibernética del mundo: el mundo físico y el virtual están muy interrelacionados.

De lo que no cabe duda es de que la ruptura del equilibrio de poder conduce a la guerra, aunque ahora se lleve a cabo de un modo diferente, con otros instrumentos que, aunque aparentan ser incruentos, no son menos dañinos. Es lo que sucede con el enfrentamiento entre Estados Unidos y China, que apenas está en sus inicios.

Quien evita lo pequeño impide lo grande

> «Nunca debe dejarse que un mal empeore para evitar una guerra, pues al final no se evitará y tan solo se dilatará en nuestro propio perjuicio».
>
> (CAPÍTULO III)

Evitar pequeños problemas que pueden desembocar en otros mayores y asumir la responsabilidad de enfrentarse a ellos forma parte de la capacidad y la determinación de un líder.

La idea se podría resumir en una frase: quien evita lo pequeño impide lo grande. A los problemas hay que hacerles frente lo antes posible, para evitar que degeneren y se conviertan en irresolubles, o que su remedio resulte demasiado difícil y complejo. El líder nunca puede dejarse llevar por la comodidad, ni debe mirar hacia otro lado mientras se multiplican problemas menores, a los que podría hacer frente con facilidad. Es cierto que algunos de esos problemas se pueden diluir solos con el paso del tiempo, y que un exceso de celo al intentar resolverlos puede magnificarlos en vez de evitarlos, pero estos casos suelen ser la excepción. La habilidad del líder consistirá en valorar cada caso.

Aquí encaja bien la Plegaria de la Serenidad, atribuida a Reinhold Niebuhr, teólogo y filósofo estadounidense: «Señor, concédeme serenidad para aceptar lo que no puedo cambiar, valor para cambiar las cosas que puedo y sabiduría para poderlas diferenciar».

Aunque Napoleón era más radical y prefería declarar la guerra al primer descontento, mostrando una gran rapidez en la resolución de conflictos, en la actualidad nuestra cultura occidental se decanta más por la escalada de medidas sucesivas para hacer frente a los posibles problemas. Al líder se le exige saber intervenir cuando debe hacerse, y poseer una visión a largo plazo, por lo que en no pocas ocasiones, obsesionado por la necesidad de contar con el respaldo de la opinión pública, actúa a destiempo y, por lo tanto, de manera ineficaz.

Por otro lado, debe tenerse en cuenta que, en una guerra, la parte que no está dispuesta a hacer todo lo que esté en su mano, porque se lo impide su moral, su legislación, su población o la opinión pública, ya ha perdido de antemano.

También hay que valorar el papel de las organizaciones internacionales, en las que se deposita hoy en día parte de la responsabilidad de actuar antes de que la guerra sea imparable o alcance grandes proporciones; por ejemplo, mediante operaciones de paz preventivas o disuasivas. En las últimas décadas hemos visto la presencia de fuerzas internacionales en zonas conflictivas, caracterizadas por el desorden, con el propósito de evitar que los problemas se convirtieran en crisis, y las crisis en conflictos sangrientos. Lo que es discutible, sin embargo, es la selección de los lugares en los que intervienen estas fuerzas, así como las capacidades empleadas, ya que los fines no siempre han sido claros, o han tenido un trasfondo económico o geopolítico.

En la actualidad hemos llegado a aceptar entornos en los que la volatilidad tiene el potencial de evolucionar con rapidez hacia el caos. Controlar ese desorden cada vez más habitual requiere esfuerzos, adaptación y mentalidad de cambio. Los anteriores son algunos de los valores que caracterizan al nuevo liderazgo y que se enseñan mediante nuevos métodos relacionados con la tecnología.

Aunque es cierto que el caos será cada vez más frecuente, las herramientas para controlarlo también aumentan. En cualquier caso, tenemos que mejorar nuestra capacidad para afrontarlo: los desórdenes se mantienen, lo que cambia son las formas en que se presentan y la manera de enfrentarse a ellos. La adaptación a circunstancias cambiantes será clave si queremos impedir males mayores.

En muchas ocasiones se piensa que es bueno obviar los conflictos de baja intensidad o las manifestaciones negativas en la sociedad, para evitar conflictos de mayor envergadura o incluso la guerra. Nada más alejado de la realidad. Los conflictos que no se resuelven de forma rápida y eficiente suelen degenerar en otros de mayor entidad. Y lo que es peor, se convierten en un problema enquistado en el que las ramificaciones acaban por ser tantas y tan profundas que, ante cualquier excusa, incluyendo las espurias, acaba por desencadenarse una virulencia que no es proporcional al problema ni a la ocasión.

La mejor disciplina es la que nace del convencimiento

> «Escipión [fue] uno de los mayores capitanes de toda la historia de Roma, pero su excesiva indulgencia con las tropas que mandaba en España solo produjo desórdenes y al final una rebelión general, por lo que Fabio Máximo le reprochó ante todo el Senado que había estragado al ejército romano».
>
> (CAPÍTULO XVII)

Entre las responsabilidades del príncipe, en el esfuerzo por organizar el ejército, la disciplina es un elemento esencial. La disciplina genera cohesión en el grupo, en especial en las circunstancias más adversas, cuando es preciso reaccionar sin dilación, de forma mecánica, aprendida en la instrucción, e incluso afrontando riesgos personales.

La milicia por sí misma no debe, en ningún caso, aflojar en su disciplina y permanente control, porque la apatía es foco de sedición, y el exceso de molicie, de rebelión. Debe hacerse compatible la milicia y la vida tras las líneas de defensa, sin que las tropas se relajen en sus actividades. Aquellos que están en la retaguardia tienen que continuar en permanente entrenamiento y rotación con los del frente, para evitar las conversaciones de salón o el excesivo relajo de los soldados.

Para mantener la necesaria disciplina entre las tropas, Jenofonte apuntaba: «Es preciso que el ejército, si pretende cumplir con su deber, siempre esté entrenado», y añadía: «Es conveniente que el ejército nunca esté inactivo».

Como decía Federico I de Prusia: «Ser soldado es tener hambre y no comer, tener sed y no beber, tener sueño y no dormir, estar cansado y marchar, marchar hasta reventar». Hoy en día, estos consejos pueden parecer un tanto exagerados para sociedades saciadas, acomodadas y rodeadas de excesos materiales. Pero lo cierto es que los mismos principios siguen vigentes, adaptados a los tiempos actuales, en el seno de cualquier ejército que se precie. No hay que olvidar que el soldado debe estar preparado para el peor de los escenarios y desastres: la guerra.

En la actualidad, la disciplina, siempre necesaria en cualquier organización, debe intentar lograrse más por el convencimiento que por el temor a una represalia ante su incumplimiento. Implica una subordinación al líder, quien también tiene que velar por los intereses de su personal para que esa disciplina sea plena. Obviamente, se han de establecer límites, relacionados con la ejecución de actos manifiestamente ilegales o inmorales.

15

EL CAMBIO: INNOVACIÓN FRENTE A TRADICIÓN

Las sociedades, las personas, las alianzas, las amenazas y los riesgos: todo está en cambio constante. El líder no solo debe estar al caso de la tradición, el conocimiento adquirido a lo largo del tiempo, que le será muy útil en infinidad de ocasiones, sino también estar preparado para el cambio. No solo debe prever lo que puede suceder, sino también estar preparado para lo inesperado, para situaciones en las que se exigirá de él una respuesta rápida y al mismo tiempo efectiva.

Cambiar según las circunstancias

«Debe intentar que le tengan por piadoso, clemente, bueno, fiel en sus tratos y amante de la justicia. También debe hacerse digno de esta reputación mediante la práctica de las virtudes necesarias, pero al mismo tiempo debe ser lo suficientemente dueño de sí mismo como para actuar de manera opuesta, siempre que le resulte conveniente».

«Muchas veces las leyes de su conservación le obligan a violar las leyes de la humanidad, de la caridad y de la religión, por lo que debe ser flexible para acomodarse a las circunstancias en las que se encuentre. En una palabra, le resulta tan útil perseverar en el bien cuando no le resulta inconveniente, como saber desviarse de él cuando lo exija el interés».

(CAPÍTULO XVIII)

Maquiavelo habla del lado humano del príncipe, al que recomienda ser capaz de adaptarse al cambio si la situación lo requiere. Hasta aquí todo normal y comprensible. Se trata, de nuevo, de los mensajes en los que el autor florentino contempla ese lado negativo del ser humano, que no duda en emplear cualquier artimaña para mantener al Estado. Pensar en los resultados hace posible al príncipe ir en contra de muchos de los valores, incluso de la religión. Tiene que estar dispuesto a cambiar según las circunstancias. No debe separarse del bien, si puede, pero debe saber ejercer el mal, si es necesario.

La hipocresía y la capacidad de hacer *lo que se tenga que hacer*, mudando con el entorno, significa que el gobernante puede llegar a obrar como un auténtico psicópata social. Actuará para sacar el mayor beneficio, pero dándole igual si eso es bueno o malo: solo debe estar dispuesto a hacerlo. Nadie le juzgará más que por los resultados, porque está seguro gracias a su puesto y controla el mecanismo del poder según las mismas leyes que él se ha otorgado.

Estamos en una época en la que se puede practicar este espíritu maquiavélico, y de hecho se lleva a cabo, aunque ya no forma parte del liderazgo ético que se debería buscar. Un líder se desprestigia si dice una cosa y hace otra, o al menos así debería ser.

Prometer en el ámbito político para luego hacer lo contrario y cambiar por completo el discurso es algo que resta credibilidad y autoridad, más aún si no se esgrime ninguna justificación válida para ese cambio.

Cuando Franklin Roosevelt preparó su campaña política para ser reelegido, no dudó en asegurar: «Lo he dicho antes y lo diré una y otra vez: vuestros chicos no van a combatir en guerras foráneas». Más tarde, en 1941, el país se volcaba para combatir en el Pacífico, en África y en Europa. El cambio fue apoyado por todo un país porque el líder se adaptó a la situación, y porque un suceso cambió la percepción de la sociedad poco antes: el ataque japonés a la base de Pearl Harbor, el 7 de diciembre de 1941. Más tarde, en 1944, Roosevelt fue reelegido por cuarta vez, y todavía se mantiene como uno de los presidentes mejor valorados de la historia de Estados Unidos. Faltar a su promesa no le pasó factura.

Todo tiempo pasado fue mejor

> «A la ciudad le servirá de estímulo en todas sus rebeliones el recuerdo de sus antiguas leyes y el grito de libertad, que no se borran con el paso del tiempo ni por recientes dádivas».
>
> (CAPÍTULO V)

Los revolucionarios siempre han recurrido a tópicos como la libertad para lograr que su movimiento crezca y para captar y motivar a sus adeptos, aunque luego hayan sido los primeros en suprimir cualquier atisbo de verdadera libertad. Por desgracia, seguimos observando las mismas aviesas intenciones en determinadas ideologías que, a pesar de las evidencias históricas, siguen captando seguidores, amparándose en la falsa bandera de la libertad.

Algo similar sucede con las ansias de regresar al pasado, cuando se consideran las épocas anteriores como momentos idílicos que degeneraron con el paso del tiempo, y como una promesa de felicidad renovada. Hacen uso de esta estratagema tanto los grupos religiosos fundamentalistas como las ideologías políticas que no quieren aceptar que ya han fracasado allí donde se han implantado.

Como bien dice Maquiavelo, estas estrategias seguirán siendo usadas por los que persiguen un cambio sociopolítico.

Por otro lado, el autor florentino nos alerta del peligro de sublevación cuando se imponen leyes nuevas, pues las antiguas instituciones mantendrán su afán de rebelarse. Por eso recomienda evitar el cambio, pues el odio y el deseo de venganza, junto con el ejemplo de la antigua situación, que siempre será recordada como mejor, no permitirán gobernar con facilidad.

El ser humano siempre quiere avanzar hacia una utopía o recuperar una Arcadia en la que se supone que todo era perfecto; un paraíso perdido que colmaba un deseo identitario natural.

La crítica al presente siempre resulta más fácil que conservar un recuerdo preciso y veraz de lo que ha cambiado. También es una manera muy eficaz para deshacernos de «nuestras responsabilidades». El sentimiento de opresión siempre está presente, y más en épocas de crisis o recesión económica, cuando las ansias de rebelión o resistencia escarban en las raíces de la comunidad, proponiendo soluciones populistas imposibles de aplicar.

Mientras que antes la libertad era una meta para que grupos de personas adquirieran derechos, ahora esa libertad se reivindica desde el mayor de los individualismos y la visión etnocéntrica.

El miedo al cambio

> «Quienes intentan establecer un nuevo orden deben enfrentarse a los que estaban a gusto con el antiguo, y tan solo tienen de su parte a quienes esperan mejorar con el nuevo. Sin embargo, se trata de aliados débiles, que se muestran tibios por temor a sus rivales, quienes cuentan con el poderoso influjo de las antiguas leyes».
>
> (CAPÍTULO VI)

Por innovación podemos entender tanto realizar cosas nuevas como llevar a cabo las conocidas de un modo diferente. Dicho de otro modo, innovar implica aportar respuestas distintas a los problemas planteados, ya sean habituales o novedosos.

Pero ser innovador, original, tener ideas nuevas, no siempre está bien visto. Es frecuente encontrarse con zancadillas que pondrán quienes vean peligrar su forma de actuar tradicional, que consideran insuperable. Y también pondrán obstáculos los que vean con recelo una iniciativa que les pueda dejar en mal lugar, ya que podría revelar su incapacidad o su indolencia ante cualquier posibilidad de mejora. Lo cierto es que una mente original, con iniciativa, creativa e imaginativa, no suele ser bien aceptada por el resto de los integrantes de un grupo.

Y no solo las personas se oponen con excesiva frecuencia a las innovaciones. Aunque la originalidad es imprescindible para la evolución humana en cualquier ámbito, con frecuencia las instituciones, incluyendo los ejércitos, se han mostrado reacias a las innovaciones.

A nadie que ocupe el poder le gusta el cambio. Todo cambio implica aceptar las deficiencias propias, asumir que los parámetros y los procedimientos con los que operamos ya no son válidos para responder a las nuevas necesidades de un contexto, de un país o de una cultura.

Aquellos que ejercen el poder harán lo necesario para que las cosas no cambien, incluso si son conscientes de que sin evolución se están condenando a sí mismos. Entender la necesidad de cambiar y de aceptar que las cosas ya no son como antes es una capacidad propia de los que se encuentran en fase de crecimiento personal y que están dispuestos a responder a las necesidades que ellos mismos proyectan. Como norma general, los que ostentan el poder no pueden actuar con suficiente celeridad para cambiar y al mismo tiempo preservar su estatus, debido a los intereses creados y a su entramado relacional. Aunque se den cuenta de esa necesidad, no la comprenderán; y si la comprenden, no sabrán cómo actuar; y si saben cómo actuar, no tendrán recursos en los que apoyarse; y si los tienen, los demás implicados no les permitirán emplearlos, porque significaría perder su posición privilegiada, o les obligaría a conquistarla de nuevo con diferentes reglas.

Que no inventen ellos

> «[Quienes intentan establecer un nuevo orden] deben enfrentarse a la incredulidad de los hombres, que desconfían de cualquier cambio, y que no lo aceptan hasta que no ha sido confirmado por una larga experiencia».
>
> (CAPÍTULO VI)

Enfrentarse a lo nuevo, a lo desconocido, es algo que cada vez es más necesario. En la actualidad hay que ser capaz de seguir, e incluso adelantarse, al frenético ritmo de cambios que impone la tecnología en todos los ámbitos.

El éxito estará al alcance de quien tenga la mente más abierta y flexible, de quien sea capaz de imaginar escenarios que nunca han existido. La experiencia seguirá siendo útil, sin ninguna duda, pero ya no será suficiente para conseguir los objetivos en esta nueva era.

No poder ver nada más allá de lo que ya está probado, temer al cambio y a perder lo ganado o heredado, es propio de estructuras formalizadas que, antes de modificar algo, necesitan que otros inventen por ellos. Esa incapacidad para crear un entorno fértil para su desarrollo es lo que diferencia a las sociedades y personas dotadas de un modelo mental prospectivo, frente a las que se quedan siempre en segundo plano y dependen de lo que otros les ofrecen, siendo incapaces de romper ese círculo de miedo e ineficacia. Cuando las circunstancias se consolidan, ya es tarde para ser los primeros; en ese momento se repetirá el modelo de aquellos que crean y mandan frente a aquellos que compran y dependen.

Las prisas son malas consejeras

> «A los Estados que se forman con rapidez les sucede lo mismo que a todo cuanto en la naturaleza nace y crece con la misma celeridad: no arraigan ni se asientan como para resistir el empuje de la primera tempestad que sobrevenga».
>
> (CAPÍTULO VII)

Para consolidar los Estados es fundamental disponer de raíces profundas, históricas y culturales. Si un Estado es de reciente implantación, se puede intentar crear esas raíces de forma artificial, recuperando características de civilizaciones que hubieran preexistido en ese territorio, incluso si su componente ideológico no coincide con el del gobierno actual.

Otra interpretación del texto de Maquiavelo es que las prisas son malas consejeras a la hora de consolidar un Estado.

Incluso lo podríamos enlazar con la actual falta de visión a largo plazo que, en general, caracteriza las sociedades occidentales, donde los tiempos se identifican con el periodo entre elecciones democráticas.

La elevada velocidad de cambio actual, junto con la volatilidad de los escenarios, hace imprescindible disponer de bases sólidas, como es el aspecto histórico-cultural, con el objeto de conseguir una unidad nacional que no sea fácil de disolver. La sensación que transmiten los Estados que no poseen estas cualidades es la de ir de un sitio para otro, sin brújula, sin referencias, abocados a un futuro incierto.

En este sentido, la cultura también se refiere al conjunto de valores, normas, experiencias, expectativas, creencias y políticas existentes que son aceptadas y practicadas en la propia comunidad u organización. La importancia de disponer de un buen conocimiento cultural es lo que permite identificar y afrontar las mejoras, o progresar hacia el ideal o la visión del grupo.

Si las manifestaciones de una cultura nacen de la mentalidad dominante de la época, estamos viviendo un momento en el que la cultura se ve más influenciada que nunca por los efectos de la tecnología. Los esfuerzos por concretar y definir la cultura ayudan a consolidar las raíces. Seguramente sea un reto más difícil que en el siglo XVI, pero los beneficios que aporta al Estado o a la organización son fundamentales.

Por hablar de la recurrente China, que aporta un punto de vista diferente con su concepto de «civilización» (creado en la época de las dinastías Qin y Han), su gobierno transmite y está convencido de poseer unas raíces que la hacen sentirse más fuerte que Occidente con su concepto de nación-estado. De ahí que su cultura, basada en los valores «confucianos», les aporte fortalezas que al resto del mundo nos resulta difícil entender.

Una estructura social, una organización, un Estado que no esté bien vertebrado y articulado jurídicamente, con un territorio delimitado y reconocido de forma explícita, con estructuras bien planificadas, no puede permanecer mucho tiempo sin que esa debilidad le cause contradicciones internas que la hagan perecer de forma segura en poco tiempo. Porque el tiempo es el único recurso que permite que se consolide una idea de Estado o sociedad, ya que es la forma en la que el proceso dialéctico y de ensayo/error permite adaptar las estructuras a la sociedad, al mismo tiempo que facilita a la ciudadanía conocer e interiorizar las formas de interactuar y desarrollarse como sociedad civil.

Hay que adaptarse a las circunstancias

> «Los que adaptan su conducta a sus circunstancias rara vez son desgraciados, porque la fortuna cambia solamente para los que no saben adaptarse a los tiempos».
>
> (CAPÍTULO XXV)

No cabe duda de que saber adaptarse a las circunstancias y a los tiempos es garantía de éxito. Las personas inteligentes no dudan en amoldarse a cualquier ambiente o situación. Solo los que se enrocan en posiciones pasadas, pensando que siguen siendo válidas o que van a volver a imponerse, están abocados al fracaso. Como decía Freud, cada momento de la historia tiene sus tabús y sus tótems, es decir, sus aspectos prohibidos y sagrados. Quien no sea consciente de esta realidad chocará una y otra vez contra un muro, con resultados perniciosos para él mismo. Eso no significa que no haya que luchar siempre por conseguir progresar y buscar un mundo mejor y más humano. Pero debemos ser conscientes del momento concreto que nos ha tocado vivir y de las fuerzas poderosas que actúan en cada instante, y contra las que, en la mayoría de las ocasiones, será imposible combatir.

16

LOS VALORES DE UN BUEN LÍDER

Desde los tiempos de Maquiavelo, mucho han cambiado los ámbitos de la política y la sociedad, pero algunas de sus mejores ideas, o al menos de sus más precisos diagnósticos, nos siguen interesando y preocupando cuando pensamos en las características que debe tener un buen príncipe o un buen líder. Sus valores siempre serán una parte esencial.

La revolución de la confianza

> «Los príncipes, y en especial los nuevos, a veces han sido servidos con más celo y fidelidad por aquellos súbditos en los que no tenían confianza al principio que por otros que, en su opinión, les eran por completo fieles».
>
> (CAPÍTULO XX)

Esto puede parecer chocante, pero lo cierto es que no le falta razón a Maquiavelo: la experiencia demuestra que, en no pocas ocasiones, la primera impresión no es la correcta. Con el paso del tiempo nos damos cuenta de que personas de las que al principio sospechábamos, porque nos parecían incapaces o recelábamos de su lealtad, se han mostrado mucho más dignas de confianza que otras que en un primer momento nos pudieron dar mejor impresión.

La confianza es un gran valor, un elemento clave que hace de lubricante en todos los elementos que componen el liderazgo. Incluso sirve de motor para el bienestar y la prosperidad de una organización o de un país.

Darío Rodríguez explica que el primer factor de construcción de la confianza desde el subordinado hacia el jefe es la calidad de la relación, por encima de la competencia técnica. Asimismo, Gallup, en sus investigaciones sobre buenos lugares para trabajar, muestra que los factores críticos son: la presencia de reconocimiento público, la retroalimentación constante y la posibilidad de desarrollar amistades laborales. La habilidad del príncipe genera confianza, pues es otro valor del líder, necesario en los equipos cohesionados que se buscan en todas las organizaciones. Los directivos carismáticos son aquellos que provocan confianza en el equipo y le dan razones para el optimismo en el futuro.

Rachel Botsman afirma que estamos a punto de iniciar una revolución de confianza en el siglo XXI, tan significativa como lo fue la Revolución Industrial. Si en el siglo XX la invención del crédito tradicional transformó nuestro sistema de consumo, hoy en día, nuevas redes de confianza, y el capital-reputación, reinventarán nuestra forma de concebir la riqueza, los mercados, el poder y la identidad, en modos que no podemos ni siquiera imaginar. Los directivos carismáticos serán aquellos que provoquen confianza en el equipo y le den razones para el optimismo en el futuro.

Otra lectura nos lleva a que un príncipe novato es «carne fresca» para los que desean su puesto, que le ayudarán para, de este modo, medrar ellos, usándolo como marioneta. Los honestos y fieles no tendrán el valor de hacer crecer al príncipe por sus escrúpulos éticos. Estos últimos son prescindibles. Los primeros son mecanismos de ascenso, tras lo cual deben ser eliminados. Los ejemplos más recientes los tenemos en las fusiones o absorciones, o en grupos políticos que unen sus listas para lograr más peso en el Congreso, y que siempre terminan disputando por el uso inadecuado de los pesos que cada uno aporta. El mercantilismo y el transfuguismo político de algunos países democráticos son de lo más llamativo.

Dignidad humanizada

> «[El príncipe debe desplegar] la magnificencia del trono, dando muestras de bondad, sin comprometer la dignidad del rango al que se ha elevado».
>
> (CAPÍTULO XXI)

El príncipe debe tener en cuenta a los distintos grupos de personas, reunirse con ellos y dar ejemplo de su humanidad; todo ello mostrará el lado humano del líder.

Asimismo, debe ser consciente del cargo que representa, por lo que tendrá que comportarse, vestir y actuar de un modo que lo haga parecer digno, para que no sea el cargo lo que lo dignifique a él, sino al contrario. Esto no quiere decir que haya que mantenerse siempre distante, ni mucho menos ser despótico, con los subordinados, pero sí saber estar en su sitio, actuando con la debida dignidad que el cargo exige.

Mazarino nos aconsejaba en este sentido: «No te comportes jamás de un modo que no se corresponda con tu condición».

Las tres clases de talento

> «Existen tres clases de talento: los primeros saben descubrir lo que necesitan saber; otros distinguen con facilidad el bien que se les propone y, en fin, los hay que no comprenden por sí mismos ni por medio de otros».
>
> (CAPÍTULO XXII)

Existen diversos tipos de inteligencia. Aunque una de sus acepciones quizá nos dé la pista más acertada: la capacidad para resolver problemas o salir bien de situaciones difíciles.

Hay personas que piensan por sí mismas y otras, que suelen ser mayoría, que, por comodidad o por ignorancia, prefieren que sean otros los que piensen por ellas. Finalmente, hay quien, como dice Maquiavelo, da la impresión de no ser capaz de pensar por sí mismo, ni tampoco aceptar el pensamiento ajeno, por pura incomprensión.

El papel de las redes sociales, los algoritmos cada vez más inteligentes que priorizan captar nuestra atención antes que la calidad de la información, ayudan a promover esos sesgos grupales que nos desvían de la realidad y pueden dejar aislado al líder. La necesidad de cuestionarse las cosas, del pensamiento crítico, la racionalidad individual, es lo que nos exige la era del pensamiento y la revalorización del lado humano. Hay que evitar que el pensamiento grupal conforme nuestras ideas, como estamos viendo en la actualidad. Se habla de que vivimos en una era nueva de «posverdad», y que estamos rodeados de mentiras y manipulaciones. Si buscamos calidad en la información, hay que hacer un esfuerzo, hay que pensar, hay que dudar. Si todo nos llega demasiado fácil y en cantidad, quizá signifique que nos quieren manipular, condicionar.

También se puede decir que la inteligencia es la capacidad de tomar decisiones según la información procesada que nos llega. Si no la comprendemos, somos necios; pero si la comprendemos y no podemos actuar, seremos presa y marioneta de cenáculos.

Sobre este aspecto de la inteligencia, relacionada con los servicios de espionaje, Mazarino nos da unos cuantos consejos para conseguir información fidedigna que, una vez debidamente analizada y tratada, nos permita adoptar decisiones más acertadas. Por ejemplo: «Induce a las personas a que te cuenten su vida, sin ser conscientes de ello. La mejor manera de lograrlo es hacer ver que cuentas la tuya». Y añade: «Es necesario saberlo todo, oírlo todo, tener espías en todas partes, pero hay que hacerlo con prudencia, ya que las personas enseguida se ofenden si se saben espiadas. Espíalas, pues, sin que se enteren».

Meditación budista para la guerra

> «El príncipe debe buscar recursos en sí mismo y en su valor contra la fortuna».
>
> (CAPÍTULO XXIV)

No hay nada que proporcione mayor seguridad que confiar en las fuerzas propias. Las alianzas siempre son efímeras, lo mismo que las amistades. Tu mejor aliado se puede convertir en el peor enemigo con inusitada rapidez. Si por un casual has confiado tu defensa en fuerzas ajenas, en cualquier momento te puedes ver en una situación de profunda debilidad que pueda trastocar por completo tu equilibrio, poniendo en grave riesgo tu seguridad.

El personalismo es la marca de un gobernante. Por tanto, conocerse bien y saber los puntos fuertes y débiles propios hará que sepas dónde actuar para que tu gobierno sea fructífero. Las circunstancias son cambiantes, lo mismo que las personas. Solo tú serás siempre fiel a ti mismo.

En la evolución como seres humanos hemos desarrollado un arma para defendernos que consiste en anticiparse al problema y resolverlo antes de que ya sea tarde, prepararse antes de que el peligro esté presente. Precisamente esa es la misión de la seguridad, que se constituye como un sistema que dispone sus sensores en el entorno y nos alerta de cualquier amenaza. Hoy son muchas las técnicas relacionadas con la seguridad, con el autocontrol, que, por supuesto, dependen de nosotros mismos, si bien hay organizaciones que promueven este tipo de formación.

Cuando el ejército de Estados Unidos incluyó técnicas de meditación que tenían su origen en el budismo, adelantaba una tendencia a la necesidad del autocontrol. Vivimos en entornos que producen estrés; por tanto, hay que adoptar nuevos métodos, que representan soluciones a problemas reales. No olvidemos que nuestro cerebro, nuestro generador de ideas, está sometido a una cantidad de información hasta hace poco impensable. Incomparable con la información que se podía recibir en el siglo XVI.

Hay tantos métodos como personas

> «Uno se dirige hacia su objetivo de cualquier manera y a la buena ventura; el otro, con inteligencia y cálculo; este usa la astucia y aquel la fuerza; uno tiene paciencia, el otro es impaciente. Y sin embargo vemos a muchos conseguir lo que desean por medios muy diferentes y opuestos».
>
> (CAPÍTULO XXV)

Si atendemos a la pirámide de Maslow, además de la gloria y la riqueza, existen otros objetivos que persiguen las personas. Incluso, si nos aproximamos al pensamiento de Freud, podríamos añadir el sexo. En todo caso, es cierto que cada uno trata de conseguir estos objetivos de una forma diferente, atendiendo a su naturaleza, a sus características físicas, a su inteligencia o a sus inclinaciones personales.

Bibliografía seleccionada

Callières, François de, *De la manière de négocier avec les souverains, de l'utilité des négociations*, facsímil del original de 1716.

Gracián, Baltasar, *El discreto; Oráculo manual y arte de la prudencia*, Barcelona, Debolsillo, 2004.

—, *El criticón*, Madrid, Austral, Espasa-Calpe, 2007.

Mazarin, Jules, *Breviario para políticos*, Barcelona, Debolsillo, 2010.

Jenofonte, *Ciropedia*, Madrid, Biblioteca Clásica Gredos, 2008.

Marañón, Gregorio, *El conde-duque de Olivares*, Madrid, Austral, Espasa-Calpe, 1962.

Plutarco, *Cómo sacar provecho de los enemigos*, Madrid, Siruela, 2007.

Príncipe de Bülow, *Memorias del canciller Príncipe de Bülow*, Madrid, Espasa-Calpe, 1931.

Rotterdam, Erasmo de, *Elogio de la locura o Encomio de la estulticia*, Madrid, Austral, Espasa-Calpe, 2009.

El príncipe

NICOLÁS MAQUIAVELO

TRADUCCIÓN DE DANIEL TUBAU

Nicolás Maquiavelo al Magnífico Lorenzo de Medicis

LOS QUE PRETENDEN ALCANZAR LA GRACIA de un príncipe, suelen ofrecerle cosas que sean de su agrado o con las que más pueda deleitarse. Y muchas veces vemos que unos le ofrecen caballos; otros, armas; aquellos, telas doradas; los otros, piedras preciosas y ornamentos dignos de su grandeza.

Queriendo ofrecer a Vuestra Magnificencia una muestra de mi devoción, he considerado que, entre todo lo que poseo, ninguna cosa encuentro más preciosa que el conocimiento de las acciones de los grandes hombres, que he adquirido tras una larga experiencia de los hechos modernos y una lectura continua de los antiguos. Después de haberlos examinado y meditado con la más profunda atención, los he reunido en este pequeño volumen que entrego a Vuestra Magnificencia.

Aunque el valor de la obra no la hace digna de presentarse ante Vuestra Magnificencia, espero, sin embargo, que la aceptéis, al considerar que no podría ofreceros regalo más selecto que un libro en el que poder aprender en apenas unas horas todo cuanto yo he necesitado estudiar durante muchos años, pasando largas fatigas y corriendo gravísimos peligros.

No he querido en esta obra presumir de erudición ni engalanarlo con frases ampulosas y magníficas, sino tan solo lograr que sea agradable por la importancia de la materia, así como por la verdad de las cosas que contiene.

Quisiera que no se considerase presuntuoso por parte de un hombre de condición inferior, incluso ínfima, el atrevimiento de proponer reglas a los príncipes acerca del arte de gobernar. El pintor que pretende dibujar la perspectiva de un país sin duda subirá a las cumbres más altas para contemplar desde allí los más profundos valles; pero tampoco hay duda de que descenderá a los valles para reconocer dónde comienzan los montes y los lugares elevados. Del mismo modo, un príncipe se encuentra en mejor situación para conocer la naturaleza del pueblo, mientras que para conocer la de los príncipes es mejor ser parte del pueblo.

Reciba, pues, Vuestra Magnificencia este modesto obsequio con el mismo ánimo bondadoso con el que os lo ofrezco; y cuando desee leer con atención esta obrita, descubrirá enseguida el vivo deseo que tengo de veros alcanzar la grandeza que la Fortuna y vuestros méritos os prometen. Y si al mismo tiempo os dignáis a descender vuestra mirada hacia estos bajos lugares, veréis de qué manera soporto la gran malignidad con la que me trata constantemente la Fortuna.

Capítulo I

Cuántas clases de principados hay y cómo se adquieren

Todos los Estados y dominios que han tenido poder sobre los hombres han sido y son repúblicas o principados.

Los principados son hereditarios, si el mismo linaje ha gobernado durante mucho tiempo, o bien son nuevos.

Entre los nuevos, algunos lo son por completo, como lo era Milán para Francesco Sforza, o bien son nuevas posesiones que se añaden al Estado hereditario de un príncipe, como el reino de Nápoles para el rey de España. Los Estados que se adquieren de esta manera, o vivían bajo otro príncipe o gozaban de libertad.[1] El dominio se consigue por las armas propias o por las ajenas, ya sea gracias a la fortuna o al valor y el talento.

Capítulo II

Sobre los principados hereditarios

No hablaré aquí de las repúblicas, porque ya lo he hecho de manera extensa[2] en otro lugar, y me ocuparé tan solo de los principados, siguiendo las distinciones que acabo de presentar, para poder reflexionar acerca del modo de gobernar y conservar los diferentes principados.

1. Es decir, eran repúblicas.
2. En los *Discursos sobre Tito Livio*.

Puede afirmarse que resulta mucho más fácil conservar los Estados hereditarios, acostumbrados ya al linaje de su príncipe, que los Estados nuevos, pues tan solo se necesita no cambiar las costumbres establecidas y prepararse para eventos inesperados. En tales casos, si el príncipe es medianamente hábil, conservará siempre su Estado, a no ser que una fuerza infinitamente superior pretenda despojarlo de él. Incluso en este caso, podrá recobrarlo en cuanto el usurpador cometa algún pequeño error. En Italia tenemos un ejemplo en el Duque de Ferrara, que pudo resistir a los venecianos en el año 1484 y al papa Julio II en 1510, tan solo porque era el antiguo soberano de este ducado. El príncipe por nacimiento no tiene necesidad de maltratar a sus súbditos, por lo que es normal que sea más amado y, a no ser que caiga en vicios extraordinarios, es razonable que le tengan simpatía y no le odien. La misma antigüedad y duración de un gobierno desvanece los recuerdos y los motivos para cambiarlo, porque todo cambio trae inconvenientes, y además pone los cimientos para un nuevo cambio.

Capítulo III

De los principados mixtos

Las mayores dificultades se encuentran en el principado nuevo. Si no se trata de un principado completamente nuevo, sino que es una posesión añadida a otra ya existente, las dos partes pueden ser denominadas principado mixto. En este caso, las dificultades se deberán a un problema inevitable en cualquier principado nuevo: aunque al principio **los vasallos aceptan con gusto cambiar de señores, creyendo que así obtendrán alguna ventaja**,[3] y están dispuestos a tomar las armas contra el que entonces los gobierna, pronto descubren que se equivocaron y no tardan en darse cuenta de que su situación se hace peor cada día. Porque siempre es inevitable que un nuevo príncipe se vea obligado a maltratar a sus súbditos, ya sea debido a las acciones de sus tropas o debido a la infinidad de agravios que siempre trae consigo una conquista. Sucede entonces que tienes como enemigos a todos aquellos a los que has perjudicado al ocupar el señorío, y además tienes que conservar la amistad de quienes te lo han proporcionado; pero no podrás satisfacer las esperanzas que han depositado en ti y tampoco emplear remedios violentos contra aquellos a los que debes estar agradecido: porque **un príncipe, aunque disponga del ejército más poderoso, siempre necesita el favor y la benevolencia de los habitantes**[4] para apoderarse de un territorio. Por estas razones, Luis XII de Francia conquistó en un instante el Estado de Milán y en un instante lo perdió. La primera vez, Ludovico Sforza lo recuperó con sus propias fuerzas, porque el pueblo que había abierto las puertas de la ciudad al rey se desengañó muy pronto de las esperanzas que había concebido de mejorar su suerte y se cansó enseguida de las vejaciones del nuevo príncipe.

3. **«Necesidad de liderazgo», páginas 27-30.**
4. **«El esencial apoyo popular», páginas 68-70.**

Eso sí, es cierto que no se pierde con facilidad un país rebelde después de haberlo reconquistado, porque el gobernante, con la excusa de la rebelión, ya no se preocupa por emplear los medios que pueden asegurarle la conquista: castiga a los culpables, se preocupa de contener mejor a los sospechosos y fortifica los lugares más débiles. Es por esta razón que Ludovico Sforza la primera vez solo necesitó acercarse a las fronteras del Milanesado para arrebatárselo a los franceses, pero la segunda vez tuvo que aliarse con todos los ejércitos de Italia para recuperar su Estado, además de destruir a los ejércitos franceses y expulsarlos de Italia. La diferencia se debe a los motivos que se acaban de mencionar. Sea como fuere, las dos veces el nuevo soberano fue expulsado del Estado de Milán.

Después de haber indicado las causas por las que el rey de Francia perdió Milán la primera vez, queda por examinar ahora los errores que causaron su segunda desgracia, y explicar los medios que debería haber empleado para no perder su nueva adquisición, medios que se pueden aplicar a cualquier otro príncipe que se encuentre en circunstancias semejantes.

Como ya he dicho, si un soberano quiere unir otro Estado a sus antiguos dominios, lo primero que debe considerar es si este Estado es fronterizo con el otro y si se habla en ambos la misma lengua, o si no sucede así. En el primer caso es muy fácil conservarlo, sobre todo si los habitantes no están acostumbrados a vivir en libertad[5] porque entonces, para asegu-

5. Es decir, en una república.

rar la posesión, basta con extinguir el linaje de los antiguos príncipes, ya que, en todo lo demás, los hombres viven en paz si no se alteran las costumbres y su antigua forma de vida. Esto se puede observar en la prolongada unión en Francia de Borgoña, Bretaña, Gascuña y Normandía, porque, aunque existiese alguna diferencia en la lengua de estos pueblos, podían convivir entre sí, puesto que eran muy semejantes sus usos y costumbres. El soberano que adquiere esta clase de Estados necesita prestar atención a dos preceptos si quiere conservarlos. El primero es que se haya aniquilado el linaje de la antigua dinastía; el segundo, que no altere sus leyes ni aumente los impuestos. De este modo es como se unen los Estados nuevos con el antiguo, hasta que en poco tiempo acaban por constituir un único Estado.

Las mayores dificultades se dan cuando en el nuevo país tanto la lengua como las costumbres de sus habitantes son diferentes de las de los antiguos súbditos.[6] Entonces, para conservarlo, se necesita tener mucha suerte y habilidad.

Uno de los remedios más eficaces para que el nuevo soberano haga más duradera y segura la posesión de tales Estados consiste en que quien los ha adquirido fije allí su residencia. Esto es lo que hizo el Turco[7] con respecto a Grecia, un país que jamás habría podido mantener bajo su dominio, por más precauciones que hubiese tomado, si no se hubiese decidido a vivir en él. En efecto, cuando el soberano está

6. «La conquista cultural», páginas 49-51.

7. Con el Turco, Maquiavelo se refiere al Imperio otomano y a Selim I (1512-1520), y con Grecia, a toda la península balcánica.

cerca, puede ver crecer los desórdenes y puede remediarlos al instante; pero, si está lejos, a menudo no los descubre hasta que son tan grandes que ya es demasiado tarde. Además, de este modo la nueva provincia no sufre el pillaje y abuso de los gobernadores, porque el pueblo cuenta con la ventaja de poder recurrir a su señor, quien, a su vez, tiene más ocasiones para hacerse amar por sus nuevos súbditos (si quieren obrar bien) o de ser temido (si lo que quieren es obrar mal). A esto se añade que si alguien pretende invadir el nuevo Estado, se verá frenado por la gran dificultad de quitárselo a un príncipe que vive allí.

Otro modo excelente consiste en enviar colonias a uno o dos lugares que sean como los grilletes del Estado. Es una medida necesaria si no se quiere mantener un número elevado de tropas de caballería e infantería. Las colonias cuestan poco al príncipe y solo perjudican a aquellas personas a las que se les arrebata sus haciendas para dárselas a los nuevos propietarios. De esta manera, como siempre serán pocos los despojados, y además quedarán pobres y dispersos, es fácil lograr que se mantengan tranquilos los demás, puesto que no han sufrido ningún perjuicio y pueden temer, en caso de rebelarse, sufrir la suerte de los que quedaron privados de sus haciendas. En conclusión, las colonias son poco costosas y son más leales, y como los ofendidos son pobres y están dispersos no pueden causar daño. Porque **nunca debe olvidarse que es indispensable ganarse a los hombres o aniquilarlos.**[8] Si se les causa un daño leve, más tarde

8. «Gánatelos o acaba con ellos». páginas 91-92.

podrán vengarse, pero si se les arruina y aniquila, ya no podrán tomar ninguna venganza. **Cualquier daño que se hace a los hombres debe ser tal que no se pueda temer una venganza.**[9]

Si en lugar de colonias, el soberano decide mantener un número elevado de tropas en el nuevo Estado, sus gastos serán mucho mayores y consumirá todas las rentas del Estado para defenderlo, de tal modo que el nuevo Estado le traerá más pérdidas que ganancias. Si se prefiere mantener tropas en vez de establecer colonias, se gastará mucho más y el Estado se verá afectado por los movimientos de tropas de un lugar a otro. Todos los habitantes sufren estos inconvenientes y al final se convierten en enemigos del gobernante. Y serán enemigos peligrosos, porque, aunque hayan sido conquistados, permanecen en sus propios hogares.

El nuevo soberano de un Estado distante y muy diferente al suyo debe también convertirse en defensor y jefe de los príncipes vecinos más débiles, y estudiar cómo debilitar al Estado que sea más poderoso. Ha de impedir por encima de todo que ponga allí los pies cualquier extranjero que tenga tanto poder como él, porque sucede a veces que lo llaman los propios descontentos, ya sea por miedo o por ambición, como los de Etolia llamaron a Grecia a los romanos (a los que siempre, por otra parte, llamaron los naturales del país en cada nueva provincia en la que entraron). La razón es muy sencilla: al extranjero recién llegado se le unen siempre los menos fuertes, a causa de la envidia que sienten con-

9. «La esperable y temida venganza», páginas 93-94.

tra el más poderoso de ellos. El invasor no tiene que hacer ningún esfuerzo ni gasto en los Estados pequeños para atraerlos a su bando, que enseguida se aliarán con él. Tan solo debe tener cuidado en no dejar que adquieran mucha fuerza, mientras con sus propias tropas y las confederadas se ocupa de debilitar y derribar a los más poderosos, para convertirse y mantenerse como el árbitro de la región. El que no sepa utilizar estos métodos perderá enseguida todo cuanto ha adquirido y sufrirá todo tipo de dificultades y problemas para conservarlo.

Los romanos empleaban muy bien estos métodos en las provincias que conquistaban: enviaban colonias y, sin aumentar sus fuerzas, apoyaban a los príncipes menos poderosos, disminuyendo el poder de aquellos a los que temían; y nunca permitían que un soberano extranjero adquiriese allí la menor influencia. Citaré tan solo como ejemplo la provincia de Grecia:[10] los romanos apoyaron en ella a los pueblos de Etolia y de Acaya para debilitar el reino macedonio, hasta expulsar de allí a Antíoco. Y a pesar de la colaboración de los aqueos[11] y los etolios, jamás permitieron que aumentaran sus dominios. Incluso rechazaron los intentos de alianza que empleó Filipo, y solo admitieron su amistad después de humillarlo. Siempre se preocuparon de que Antíoco no conservase ningún dominio en aquella provincia.[12]

10. Se refiere a Grecia como provincia romana.

11. De la región griega de Acaya, al norte del Peloponeso.

12. En Grecia.

En consecuencia, **los romanos hicieron lo que debe hacer cualquier príncipe prudente, que no se limita a remediar los males presentes, sino que también prevé los futuros. Cuando los males se conocen con anticipación, los remedios son fáciles,**[13] pero si se espera a tenerlos ya encima, no siempre se consigue remediarlos y la enfermedad muchas veces ya es incurable. Lo que los médicos dicen de la tisis se puede aplicar aquí: en sus inicios, la tisis tiene fácil cura, aunque es difícil de percibir; pero si no se descubre ni se cura, entonces con el tiempo se convierte en una enfermedad tan fácil de diagnosticar como difícil de curar. Lo mismo puede aplicarse a los negocios del Estado, porque si existe una previsión adecuada, un talento que solo poseen los líderes prudentes, los males que pueden sobrevenir se remedian enseguida, pero cuando no se han previsto en sus inicios, acaban por empeorar de tal manera que, cuando todo el mundo los ve y conoce, ya no tienen remedio.

Los romanos preveían los peligros antes de que llegaran y siempre los precavían, sin dejar que, con tal de rehuir una guerra, se agravaran o empeorasen. Sabían muy bien que al final la guerra no se evita, sino que se dilata, y que se le da ventaja al enemigo. Siguiendo estos principios, decretaron enseguida la guerra contra Filipo y contra Antíoco en Grecia, para evitar tener que defenderse de ellos en Italia. Es cierto que podrían haber evitado estas guerras, pero no quisieron hacerlo, ni seguir el consejo de ganar tiempo que tanto recomiendan los sabios de nuestros días. Emplearon

13. «Predecir te da poder», páginas 194-197.

tan solo su prudencia y su valor, porque en verdad el tiempo todo lo arrastra y puede traer tanto el bien como el mal, y el mal como el bien.

Volvamos ahora a Francia y observemos si ha seguido de algún modo los principios que acabamos de explicar. No hablaré de Carlos VIII, sino de Luis XII, puesto que ha dominado durante más tiempo en Italia y nos ha dejado indicios más claros, que nos permiten observar su conducta, lo que nos hará descubrir que hizo precisamente lo contrario de lo que hay que hacer para conservar un Estado tan distinto del suyo.

El rey Luis fue llamado a Italia debido a la ambición de los venecianos, que intentaban servirse de él para apoderarse de la mitad de Lombardía. No criticaré yo esta decisión del rey para entrar en Italia ni la alianza que entonces forjó, porque al no tener amigos en aquel país y después de que la mala conducta de su antecesor Carlos le hubiera cerrado todas las puertas, quizá le resultaba indispensable aprovechar la alianza que le proponían, para de este modo entrar en Italia, como era su intención. Y el resultado de su empresa le habría sido favorable si hubiera sabido actuar bien después. En efecto, este monarca recuperó al instante Lombardía y, con ella, la reputación que había perdido Carlos. Génova se sometió, los florentinos se convirtieron en sus aliados, y todos los señores del resto de pequeños Estados se apresuraron a pedírsela, como el marqués de Mantua, el duque de Ferrara, los Bentivoglios (señores de Bolonia), la condesa de Forli, los señores de Faenza, Pésaro, Rímini, Camerino, Piombino, y los de Luca, Pisa y Siena. Entonces los venecianos se dieron cuenta de la imprudencia que habían cometido, puesto que por adquirir dos plazas en Lombardía habían concedido al rey de Francia el dominio de las dos terceras partes de Italia.

¿Y con qué facilidad no habría podido el rey, si hubiera conocido y seguido las reglas que antes indiqué, mantenerse poderoso en Italia y conservar y defender a sus aliados? Estos, aunque eran numerosos y fuertes, temían a la Iglesia y a los venecianos y debían, por su propio interés, mantenerse unidos al rey de Francia; Luis podía también, con su ayuda, fortificarse para rechazar a cualquier otra potencia peligrosa.[14]

Sin embargo, nada más entrar en Milán, siguió un método completamente opuesto y prestó socorro al papa Alejandro para invadir la Romaña. No se dio cuenta de que se estaba debilitando a sí mismo al tomar esta decisión, y que se privaba de los amigos que se habían arrojado a sus brazos, al mismo tiempo que engrandecía a la Iglesia, añadiendo a su poder espiritual, que ya le proporcionaba tanta fuerza, el poder temporal de un Estado tan considerable. Después de cometer este primer error, tuvo la necesidad de remediarlo al verse obligado a volver a Italia para poner límites a la ambición del propio Alejandro e impedir que se apoderase de Toscana.

No contento con haber aumentado el poder de la Iglesia, y después de perder a sus aliados naturales por querer apoderarse del reino de Nápoles, lo dividió con el rey de Espa-

14. «No hay aliado pequeño», páginas 111-114.

ña. De este modo, el rey de Francia, que había llegado a ser el único árbitro de Italia, se creó en ella un socio y un rival, al que ahora podían acudir los descontentos y los ambiciosos, y a pesar de que pudo haber dejado en este reino[15] un rey que habría sido tributario suyo, lo echó de allí para poner en su lugar a otro con suficiente poder como para expulsarle a él mismo.

Es natural y frecuente el deseo de conquistar, y los hombres son más alabados que reprendidos cuando lo logran, pero cuando no son capaces de hacerlo y lo intentan a cualquier precio, son dignos de vituperio.[16] Si el rey de Francia podía atacar al reino de Nápoles con sus propias fuerzas, debió hacerlo; pero si no podía, al menos no debería haberlo compartido, pues, aunque el reparto de Lombardía con los venecianos puede llegar a excusarse, porque ellos le habían proporcionado el medio de entrar en Italia, el reparto de Nápoles sí que merece censura, porque ninguna razón lo aconsejaba.

En consecuencia, el rey Luis cometió cinco errores: aumentó la fuerza de una gran potencia y destruyó a las pequeñas potencias; llamó a un extranjero muy poderoso; no estableció su residencia en Italia ni creó colonias. A pesar de estos errores, todavía habría podido mantenerse si no hubiera cometido el sexto, que fue reducir el dominio de los venecianos. Es cierto que si no hubiera hecho más grande el Estado de la Iglesia ni hubiese llamado a Italia a los

15. Nápoles.

16. «Las eternas ansias de conquista», páginas 47-49.

españoles, habría tenido que debilitar a los Estados de Venecia, pero nunca debería haber permitido su ruina después de haber tomado las otras decisiones.

Si los venecianos hubiesen mantenido su poder, habrían impedido que los otros soberanos hicieran planes contra Lombardía, ya fuese porque los venecianos no lo habrían permitido, al no poder ellos mismos apoderarse de ella, ya porque los otros Estados no hubieran querido quitársela a Francia para dársela a los venecianos, o porque no habrían sido tan audaces como para atacar a Francia y a Venecia.

Si se dice que el rey Luis cedió la Romaña a la Iglesia y un trono a España para evitar una guerra, respondo con lo que ya dije antes: que **nunca debe dejarse que un mal empeore para evitar una guerra, pues al final no se evitará y tan solo se dilatará en nuestro propio perjuicio.**[17] Si alega alguno la promesa que Luis había hecho al Papa de concluir esta empresa en su favor, con la condición de que eliminara cualquier impedimento para su matrimonio por medio de una dispensa, y la concesión del capelo cardenalicio al obispo de Ruan, mi respuesta se verá más abajo cuando me refiera a la palabra del príncipe y de cómo debe mantenerla.

El rey perdió, por lo tanto, Lombardía por no haber prestado atención a ninguna de las precauciones que deben tomar quienes se apoderan de un territorio y pretenden conservarlo. Nada menos inevitable que lo que sucedió y, al contrario, más previsible y habitual. De parecida manera me expresé en Nantes ante el cardenal de Ruan, cuando el

17. «Quien evita lo pequeño impide lo grande», páginas 204-206.

duque de Valentino (así era llamado el hijo del papa Alejandro) ocupó la Romaña. Este cardenal me dijo que los italianos no sabían hacer la guerra, y yo le respondí que los franceses no entendían nada de política, porque si hubieran sabido algo no habrían permitido que la Iglesia llegase a alcanzar tal poder. Más tarde se ha podido ver que el aumento de este poder y el de España en Italia se debe a Francia, y que esa y no otra es la causa de la propia ruina de Francia en Italia. De aquí se deduce una regla general que nunca o pocas veces falla: **quien permite el engrandecimiento de otro provoca su propia ruina. Porque para hacerlo debe emplear sus propias fuerzas o su propia habilidad, y estos dos medios despiertan desconfianza en quien se ha vuelto poderoso.**[18]

Capítulo IV

Por qué el reino de Darío conquistado por Alejandro no se levantó contra sus sucesores después de su muerte

Al considerar las dificultades que se encuentran quienes quieren conservar un territorio recién conquistado, causa admiración que el imperio de Asia, del que Alejandro Magno se hizo dueño en pocos años, no se rebelase tras su temprana muerte, cuando apenas había tomado posesión de él. Sus sucesores se mantuvieron en aquel territorio y no tuvie-

18. «A quien ayudas a triunfar será tu adversario», páginas 114-116.

ron ninguna dificultad para conservarlo, excepto las causadas por su propia ambición. Ahora bien, debe tenerse en cuenta que todos los principados de los que la historia conserva algún recuerdo han sido gobernados de dos maneras diferentes: o por un príncipe absoluto, ante el que son esclavos los demás hombres, aunque se conceda a algunos la gracia de ser ministros para que le ayuden a gobernar el reino; o por un príncipe junto a los grandes del Estado, que poseen señorío propio y súbditos que les reconocen como sus dueños y les rinden devoción personal, por lo que no gobiernan por favor del rey, sino en virtud de un derecho adquirido por la antigüedad de su linaje.

En los Estados gobernados por un príncipe del que todos son siervos, este goza de una inmensa autoridad, porque nadie reconoce en su territorio otro soberano que él. Incluso aunque obedezcan a otros, lo hacen en calidad de ministros u oficiales del príncipe, hacia el que sienten un afecto personal. Turquía y Francia nos ofrecen hoy en día ejemplo de estas dos clases de gobierno. Toda la monarquía turca se gobierna por un señor, ante el que son esclavos todos los demás hombres. Su reino se divide en diferentes distritos,[19] a los que el soberano envía sus administradores, cambiándolos o quitándolos según le parece. Por el contrario, el rey de Francia se encuentra rodeado de un gran número de personas ilustres, debido a la antigüedad de su linaje, que tienen

19. Maquiavelo emplea, en vez de *distritos*, la palabra *sangiachie* (adaptación del turco *sanjaks*) para referirse a distritos administrativos de cada provincia o *vilayet*.

sus propios súbditos, por los que son amados, y sobre los que gozan de una preminencia que el rey no puede arrebatarles sin gran peligro.

Si examinamos estas dos soberanías, vemos que se necesita vencer tremendas dificultades para apoderarse de un Estado gobernado como el del Turco, pero que es fácil conservarlo una vez que se ha conquistado. Por el contrario, será más fácil ocupar un Estado como Francia, pero la dificultad de mantenerlo será extrema.

La dificultad de apoderarse de un Estado como el Turco se debe a que quien lo intente no podrá contar con que lo llamen los grandes de aquel reino, ni esperar que se rebelen, ni confiar en la ayuda que pudieran prestarle quienes estén al lado del príncipe. Es fácil advertir las razones, como ha quedado claro al describir la organización de dichos Estados. Como todos son esclavos del príncipe y familiares suyos, resulta difícil corromperlos, e incluso, aunque se los corrompiese, serían de poca ayuda, porque no podrían inclinar al pueblo a su causa, por las razones que ya hemos explicado. Cualquiera que ataque a los turcos debe esperar encontrarlos unidos, y tan solo podrá contar con sus propias fuerzas y no con la ventaja que le supondría la división entre ellos. Eso sí, una vez vencidos y derrotados sus ejércitos, de tal manera que no puedan volver a reagrupar sus tropas, ya solo deberá temer a la familia del príncipe. Una vez extinguida, no quedaría otra entre las demás del Estado que contase con suficiente apoyo popular. Y del mismo modo que el vencedor no puede esperar nada de ellos antes del combate, tampoco tiene nada que temer tras la victoria.

Todo lo contrario sucede en reinos gobernados como Francia. En ellos se puede entrar fácilmente, una vez seducidos algunos barones del reino, pues siempre se encuentra a descontentos y personas que desean un cambio. Estas personas abrirán las puertas y facilitarán la conquista del Estado. Pero para conservar ese Estado se experimentarán infinitas dificultades, tanto por parte de los conquistados como por parte de quienes prestaron ayuda. No será suficiente con extinguir a la familia del príncipe, porque quedarán todavía los nobles, que se convertirán en cabecillas de nuevas insurrecciones; y como ni es posible contentarlos ni destruirlos, perderás con facilidad ese dominio a la primera ocasión.

Ahora bien, al considerar la naturaleza del gobierno de Darío, lo encontramos semejante al reino del Turco. Alejandro tuvo que acometerlo por todas partes y vencerlo en batalla, pero una vez vencido y muerto Darío, el Estado quedó en poder de Alejandro y ya no podía temerse su pérdida, por las razones que ya hemos apuntado. Con la misma tranquilidad lo hubieran conservado sus sucesores si hubieran permanecido unidos, porque en este imperio no se asistió a más alborotos que los que ellos mismos provocaron.

No se puede esperar una posesión tan tranquila en Estados gobernados como Francia. Los frecuentes alzamientos de España, de las Galias y de Grecia contra los romanos siempre tenían su origen en la multitud de principados que había en esas regiones. Mientras existieron estos señores, la posesión de aquellos territorios fue inestable para los romanos, pero una vez destruidos y borrado incluso el recuerdo de su poder, los romanos establecieron su dominio valiéndose de sus propias fuerzas, al mismo tiempo que los naturales fueron acostumbrándose a su imperio.

Cuando los romanos combatían entre sí en aquellas provincias, cada bando, según la autoridad que hubiera ejercido en ellas, podía contar fácilmente con su ayuda, porque extinguida la familia de los antiguos señores ya no se reconocía otro dominio que el de los romanos. Pensando en estas diferencias, nadie se extrañará por la facilidad con la que Alejandro conservó los Estados conquistados en Asia, ni por las dificultades que experimentaron conquistadores como Pirro para conservar sus conquistas, lo que no debe atribuirse a la buena o la mala conducta del conquistador, sino a los diferentes tipos de gobierno de los territorios conquistados.

Capítulo V

Cómo deben gobernarse las ciudades y principados que se regían por sus propias leyes antes de ser conquistados

Cuando los Estados adquiridos tenían la costumbre de regirse por sus propias leyes y vivir en libertad,[20] existen tres maneras de conservarlos.

20. Para Maquiavelo, que un Estado viva en libertad es sinónimo de que sea una república.

El primero es destruirlos. El segundo, fijar la residencia en ellos. El tercero, mantener sus leyes, imponerles un tributo y formar un gobierno compuesto por personas de confianza, capaces de mantener la paz en el país. Porque un gobierno como este, creado por el príncipe, es consciente de que no puede persistir sin su apoyo y su poder y, por lo tanto, estará dispuesto a cualquier esfuerzo para mantenerlo en el poder. **Una ciudad acostumbrada a regirse por sus propias leyes se conserva con más facilidad si se destina para su gobierno a un pequeño número de sus propios ciudadanos.**[21]

Los lacedemonios y los romanos nos han dejado ejemplos de estas diferentes maneras de conservar un Estado.

Los lacedemonios gobernaron en Atenas y en Tebas estableciendo gobiernos oligárquicos,[22] pero terminaron por perder estas dos ciudades. Los romanos, para precaverse de Capua, Cartago y Numancia las destruyeron, y ya no volvieron a perderlas. Sin embargo, pretendieron poseer Grecia a la manera de los espartanos, concediéndole libertad y mantener sus propias leyes, pero no lograron nada de esta manera. Finalmente, se vieron obligados a destruir muchas ciudades de aquella provincia para conservarla. Porque no hay medio más seguro para mantener las ciudades que destruirlas. Cualquiera que llegue a hacerse dueño de una ciudad acostumbrada a disfrutar de su libertad y no la destruya siempre temerá ser destruido por ella.

21. «El valor de lo propio», páginas 116-118.

22. Es decir, gobiernos compuestos por pocos, por una élite.

Porque **a la ciudad le servirá de estímulo en todas sus rebeliones el recuerdo de sus antiguas leyes y el grito de libertad, que no se borran con el paso del tiempo ni por recientes dádivas.**[23] Por lo tanto, por más precauciones que se tomen, si no se divide o dispersa a los habitantes, nunca se arrancará de su corazón ni se borrará de su memoria el grito de libertad y la preferencia por sus antiguas instituciones, pues todos estarán dispuestos a unirse para recobrarlas en cuanto surja la menor ocasión. Un ejemplo nos lo ofrece Pisa, después de haber vivido cien años bajo los florentinos.

Ahora bien, cuando las ciudades o provincias estaban acostumbradas a vivir bajo la obediencia a un príncipe cuya dinastía se ha extinguido, puesto que ya se habían acostumbrado a la obediencia pero, al mismo tiempo, se han visto privadas de su legítimo soberano, no son capaces de ponerse de acuerdo para elegir uno nuevo, ni tienen el ánimo para proclamarse libres, y por eso son más reacias a tomar las armas. Todo ello ofrece más medios al nuevo príncipe para vencerlos y obtener después su apoyo.

En las repúblicas, sin embargo, es más fuerte y activo el odio, y más vivo el deseo de venganza, pues el recuerdo de su antigua libertad no les concede ni un solo momento de sosiego, por lo que, para conservar estas repúblicas, se deben destruir o bien fijar en ellas la residencia.

23. «Todo tiempo pasado fue mejor», páginas 213-214.

Capítulo VI

De los principados nuevos que se adquieren mediante el valor y las armas propias

Nadie debe asombrarse de que, al hablar de los principados nuevos y de su príncipe y forma de gobierno, mencione ejemplos extraordinarios. Porque los hombres casi siempre caminan por sendas holladas por otros, y pocas veces actúan por sí mismos, sino más bien por imitación. Pero como la imitación no puede coincidir en todo, ni suele ser posible igualar la excelencia de aquellos a los que se toma por modelos, el hombre sabio debe seguir tan solo los caminos que abrieron los grandes hombres o imitar a los que han sido excelentes, para que, aunque no consiga igualarlos, al menos le quede algo de su aroma. Deberá seguir el método del arquero prudente, que cuando advierte que el blanco al que apunta es demasiado lejano, tiene en cuenta la fuerza de su arco y apunta más alto que el blanco, no porque quiera alcanzar esa altura, sino para, al elevarse tanto, al menos alcanzar el blanco.

Hay que advertir que las dificultades mayores o menores que se experimentan para mantenerse en un principado nuevo dependen mucho de las virtudes de quien lo ha adquirido. Porque convertirse en príncipe siendo un simple particular supone o bien gozar de una gran suerte, o bien poseer un gran talento, pues contando con uno de estos dos medios pueden superarse la mayor parte de las dificultades. Sin embargo, en ocasiones se ha visto mantenerse mejor a quienes no han contado con la fortuna, y no cabe duda de que resulta muy ventajoso que el príncipe, forzado por no poseer más Estados, se establezca en aquel del que se ha convertido en nuevo soberano.

Si recordamos a quienes llegaron a ser príncipes gracias a su valor o su talento, tenemos que mencionar a Moisés, Ciro, Rómulo y Teseo. Aunque puede parecer que no debería mencionar a Moisés, puesto que no fue otra cosa que el ejecutor de las órdenes del Cielo, merece nuestra admiración, puesto que Dios le concedió la gracia de hablar con él.

Si examinamos la conducta de Ciro y de otros que obtuvieron o fundaron reinos, la hallaremos digna de admiración. Se advertirá también que la conducta que siguieron todos ellos no difiere de la de Moisés, aunque él tuviera tan gran preceptor.[24] La vida y las acciones de estos príncipes prueban también que toda su fortuna consistió en que se les presentó una ocasión **favorable** para establecer la forma de gobierno que creían más adecuada a sus nuevos Estados y que, además, supieron aprovecharse de ella. **Si no se les hubiese presentado la ocasión, su virtud no habría sido suficiente, pero, sin ella, la ocasión se habría echado a perder.**[25]

Era muy necesario que Moisés encontrara a los israelitas esclavos en Egipto, y oprimidos por los egipcios, para que estuvieran dispuestos a seguirle para escapar de la servidumbre. Era necesario que Rómulo no fuera criado en Alba

24. Dios.

25. «Que la suerte te encuentre trabajando», páginas 163-165.

y que fuese abandonado al nacer, para que pudiese llegar a ser rey de Roma y fundador de su nación. **Ciro tuvo que encontrar a los persas descontentos bajo el imperio de los medos, y a los medos vagos y afeminados a causa de una larga paz.**[26] Teseo no habría podido dar muestras de su habilidad si no hubiera hallado dispersos a los atenienses. Estas ocasiones, por lo tanto, facilitaron a aquellos hombres el éxito en sus empresas, pero fue gracias a su virtud que supieron aprovecharlas para hacer célebre y feliz a su nación.

Los que alcanzan el alto honor de convertirse en príncipes siguiendo medios parecidos a los de estos héroes obtienen el principado superando dificultades, pero también lo conservan sin esfuerzo. Las dificultades que afrontan se deben en parte a los cambios que tienen que aplicar para establecer su gobierno y asegurar su dominio, pues nada es más difícil y arriesgado que imponer un nuevo orden. **Quienes intentan establecer un nuevo orden deben enfrentarse a los que estaban a gusto con el antiguo, y tan solo tienen de su parte a quienes esperan mejorar con el nuevo. Sin embargo, se trata de aliados débiles, que se muestran tibios por temor a sus rivales, quienes cuentan con el poderoso influjo de las antiguas leyes.**[27] Además, **deben enfrentarse a la incredulidad de los hombres, que desconfían de cualquier cambio, y que no lo aceptan hasta que no ha sido confirmado por una larga experiencia.**[28] La consecuencia

26. «El lugar y el momento hacen necesario al líder», páginas 165-166.

27. «El miedo al cambio», páginas 215-216.

28. «Que no inventen ellos», página 217.

es que los enemigos del nuevo orden se unen y lo combaten con fiereza, mientras que los otros lo defienden sin convicción, por lo que el príncipe se expone a muchos riesgos.

Sin embargo, si queremos examinar la cuestión a fondo, es necesario considerar si los innovadores pueden aplicar los cambios por sí mismos o si dependen de otros. Me refiero a si para llevar a cabo sus propósitos deben emplear la persuasión o si disponen de la fuerza necesaria. En el primer caso, jamás lo conseguirán; pero si despiertan temor a su fuerza, pocas veces fracasarán.

Esa es la razón por la que **han triunfado todos los profetas armados, mientras que fracasaron los desarmados.**[29] La explicación no está solo en las razones mencionadas, sino en **el carácter voluble de los pueblos, que son capaces de aceptar una opinión nueva, pero es difícil que la mantengan**,[30] por lo que es necesario, en cuanto se observa que empieza a descreer, obligar al pueblo a que crea. Moisés, Ciro, Teseo y Rómulo no habrían logrado que se obedecieran sus decretos si hubiesen estado desarmados, que es lo que le sucedió en nuestro tiempo al fraile Girolamo Savonarola, que vio cómo fracasaban sus nuevas leyes cuando perdió la confianza de la muchedumbre y no dispuso de medios para obligarlos a seguir creyendo y para convencer a los incrédulos. Los grandes personajes que he mencionado superaron inmensos obstáculos y peligros, y tuvieron que emplear mucho valor y talento, pero una vez vencidas esas difi-

29. «Acuerdos sin espadas solo palabras son», páginas 137-139.

30. «Más vale pedir perdón que pedir permiso», páginas 103-105.

cultades comienza la veneración, se debilita la envidia y se fortalece su poder, su seguridad, su honra y su felicidad.

A estos grandes ejemplos quiero añadir uno menor, pero que guarda cierto parecido: Hierón de Siracusa, que de simple particular llegó a ser príncipe de Siracusa, y que debió toda su fortuna a que supo aprovechar la ocasión propicia. En efecto, estando en grandes dificultades los siracusanos, lo nombraron su capitán, y después se convirtió en príncipe. **Alcanzó tan alta virtud en su conducta, que todos los que han escrito acerca de él aseguran que para reinar solo le faltó poseer un reino.**[31] Reformó el ejército y organizó uno completamente nuevo, rompió las viejas alianzas y estableció otras mejores, y gracias a que contaba con amigos y soldados, pudo construir sobre tales cimientos cualquier edificio, de tal manera que, aunque le costó mucho adquirirlo, le costó muy poco conservarlo.

Capítulo VII

De los principados nuevos que se obtienen con las fuerzas de otro o por la buena fortuna

Quienes gracias a su buena fortuna se convierten de simples particulares en príncipes, lo consiguen con poco esfuerzo, pero solo con mucho esfuerzo lo conservan. No encuentran

31. Frase en latín en el original: *Quod nihil illi deerat ad regnandum praeter regnum.*

dificultades cuando vuelan hacia él, pero sí cuando por fin se detienen.

Este es el caso de quienes obtienen un Estado gracias al dinero o al favor de quien se lo entrega, como les sucedió a los soberanos que nombró Darío en las ciudades griegas de Jonia y del Helesponto, para que cuidaran de su propia gloria y seguridad. Lo mismo sucedió en Roma con los simples particulares que alcanzaron el imperio sobornando a los soldados.

Todos ellos se mantienen tan solo gracias a la fortuna o el poder de quien los sostiene, pero esos dos fundamentos son tan cambiantes como poco fiables, y ni ellos mismos saben si podrán conservar su dominio. No lo saben porque cualquier persona que ha sido un simple particular suele ignorar el arte de mandar, a no ser que se trate de un hombre de gran ingenio y virtud. Y tampoco pueden mantenerse en la nueva posición si carecen de tropas con cuyo afecto y lealtad puedan contar. Por otra parte, **a los Estados que se forman con rapidez les sucede lo mismo que a todo cuanto en la naturaleza nace y crece con la misma celeridad: no arraigan ni se asientan como para resistir el empuje de la primera tempestad que sobrevenga.**[32] A no ser, como ya se ha dicho, que estos príncipes posean una gran virtud y sean capaces de emplear sus propios medios para conservar lo que la fortuna les ha concedido, o bien que sepan buscar y encontrar los fundamentos que otros preparan antes de convertirse en príncipes.

32. «Las prisas son malas consejeras», páginas 218-220.

Acerca de estas dos maneras de alcanzar el principado, por la fortuna o por la virtud, quiero proponer dos ejemplos que todos recordamos, el de Francesco Sforza y el de César Borgia. Francesco, por su gran habilidad y empleando medios legítimos, llegó a convertirse en duque de Milán y conservó sin mucha fatiga lo que había logrado adquirir con tanto esfuerzo. César Borgia, al que el pueblo llamaba el duque Valentino, conquistó el Estado debido a la fortuna de su padre, y con ella lo perdió, pero empleó todos los medios de los que dispone un hombre hábil y prudente para conservar un Estado, e hizo todo aquello que deben hacer quienes adquieren nuevos Estados mediante las armas o gracias a la fortuna de otro.

Como suele decirse, quien todavía no ha asentado los cimientos, sin duda puede establecerlos después, pero solo se conseguirá a costa de un gran esfuerzo por parte del arquitecto y con grandes peligros para el edificio.

Si examinamos la carrera y los progresos del duque Valentino, veremos que ya había hecho grandes fundamentos para cimentar su poder. Este examen no será inútil, porque no sería yo capaz de proponer a un príncipe nuevo un modelo más digno de imitar que el del propio duque. Y si, a pesar de todas las medidas que tomó, no consiguió el éxito, ello se debió a una extraña malignidad de la fortuna, más que por su culpa.

Cuando Alejandro VI quiso hacer grande a su hijo el duque, encontró muchas dificultades, presentes y futuras. Al principio no encontraba ninguna manera para convertirlo en soberano de un Estado que no perteneciera a la Iglesia;

sabía que ni el duque de Milán ni Venecia se lo permitirían, porque Faenza y Rímini ya estaban bajo la protección de Venecia. Por otra parte, las armas de Italia de las que habría podido servirse estaban en manos de los Orsini o de los Colonna y sus partidarios, con quienes no podía contar, puesto que temían el engrandecimiento del Papa.

Resultaba indispensable, en consecuencia, destruir esa situación y desordenar a los Estados de Italia para lograr apoderarse con seguridad de alguno de ellos.

Los venecianos habían decidido, por otros motivos, llamar a los franceses a Italia. El Papa no se opuso a este proyecto, sino que lo favoreció, al anular el primer matrimonio del rey Luis XII. Entró pues el rey francés en Italia, con la ayuda de los venecianos y con el consentimiento de Alejandro; pero apenas había llegado a Milán y ya el Papa había conseguido que le cediese tropas para apoderarse de la Romaña, que conquistó gracias a la reputación del rey.

Una vez que el duque obtuvo la Romaña, abatiendo a los Colonna, quiso no solo conservar su principado sino aumentarlo, pero lo impedían dos cosas: la primera era que no confiaba en las tropas de los Orsini, de las que se había servido. Temía perder las fuerzas con las que contaba, y no solo que le estorbaran para alcanzar sus objetivos, sino que incluso le arrebatasen lo que ya había conquistado, y tampoco estaba seguro de la buena voluntad del rey. Los Orsini le dieron una prueba de lo poco que podía contar con ellos cuando, tras la toma de Faenza, atacó Bolonia y vio la desidia con la que se comportaron. En cuanto al rey de Francia, pudo juzgar sus intenciones cuando, una vez conquistado el condado de Urbino, invadió Toscana, y entonces el rey le obligó a retirarse.

El duque decidió no depender ya más de la fortuna o de las armas ajenas. Comenzó debilitando en Roma al partido de los Orsini y los Colonna, y atrayendo a su bando a todos los nobles que estaban unidos a estas dos familias, ganando su voluntad con dinero o entregándoles empleos y gobiernos, según la categoría de cada uno, de tal modo que en pocos meses se enfrió la devoción que sentían hacia aquellas familias, consagrándose por entero al duque.

Una vez que, con gran facilidad y destreza logró debilitar la fidelidad a los Colonna, atrayéndosela él, esperó el momento oportuno para perder a los Orsini. Pero al advertir los Orsini, aunque bastante tarde, que el poder del Duque y el de la Iglesia podían provocar su ruina, celebraron una asamblea en Magione en Perugia, tras la que se produjeron la rebelión de Urbino y los alborotos de la Romaña, así como increíbles peligros a los que se vio expuesto el duque, de los que se libró gracias a la ayuda de los franceses.

A pesar de esto, no quiso confiar más en ellos o en cualquier fuerza ajena y, en cuanto pudo asegurar sus intereses y evitar cualquier riesgo futuro, empleó tan solo la astucia, ocultando sus intenciones, de tal modo que los Orsini llegaron a reconciliarse con él gracias a la mediación del señor Paulo. No había obsequio que no les ofreciera, les regalaba vestimentas, dinero, caballos, y ellos fueron tan simples que se dejaron engañar, hasta caer en sus manos en Sinigaglia.

Tras exterminar a los jefes de esta familia y contando con la amistad de sus anteriores partidarios, el duque pudo establecer su poder sobre cimientos más sólidos: no solo poseía toda la Romaña y el ducado de Urbino, sino que logró ganarse el afecto del pueblo de estos dos Estados, y especialmente del primero, en el que estaban muy satisfechos con su gobierno. Es muy digna de atención esta última circunstancia, y el duque merece ser imitado por ello, por lo que no quiero dejarla en silencio.

Después de apoderarse de la Romaña, advirtió que había sido gobernada por infinidad de señores débiles, que se habían dedicado más a robar a sus súbditos que a gobernarlos. Además, como no disponían de fuerzas para protegerlos, se habían esforzado más en perturbarlos que en mantenerlos en paz. En consecuencia, aquel país estaba infestado de salteadores, despedazado por facciones y entregado a todo tipo de desórdenes y excesos. Supo al instante que se necesitaba un gobierno fuerte que restableciera la tranquilidad y el orden, sometiendo a los habitantes a la autoridad de un príncipe. Para lograrlo, nombró gobernador a Ramiro de Orco, hombre cruel pero decidido, al que concedió poderes ilimitados. Ramiro apaciguó en poco tiempo los desórdenes, y unificó y pacificó el Estado, aumentando el prestigio del duque. Sin embargo, el duque pronto se dio cuenta de que ya no era necesario tanto rigor y que era mejor moderar una autoridad tan excesiva, que había llegado a ser odiosa. Estableció entonces un tribunal en el centro civil de la provincia, presidido por un hombre estimado por todos, y dispuso que cada ciudad enviase allí a su abogado procurador.

Sabía que las crueldades cometidas habían provocado cierto aborrecimiento, y para librarse de cualquier acusación a los ojos del pueblo y ganarse su amor, manifestó que no se le debían imputar las crueldades cometidas, sino que todas debían atribuirse al feroz carácter de su ministro Ramiro. Aprovechó la primera ocasión que se le presentó para cortar en dos a Ramiro, ordenando que se exhibiera su cuerpo en medio de la plaza de Cesena, junto a un tronco con un cuchillo ensangrentado. El horror de semejante espectáculo dejó satisfecho al pueblo y al mismo tiempo lo llenó de espanto.

Pero regresemos a nuestro asunto. El duque era ya muy poderoso y no temía a sus enemigos, después de haber empleado contra ellos las armas que le parecían más adecuadas, y tras destruir a los vecinos poderosos que podrían amenazarlo. Solo le faltaba, para asegurarse la posesión de sus conquistas e incluso aumentarlas, estar en la situación de no temer al rey de Francia, puesto que sabía que este soberano no soportaría su engrandecimiento, tras darse cuenta del error que había cometido. Para lograr su objetivo, el duque forjó nuevas alianzas mientras los franceses se dirigían a Nápoles para enfrentarse a los españoles que sitiaban Gaeta. Su intención era fortificarse contra los franceses y sin duda lo habría conseguido si todavía habría vivido el papa Alejandro VI.

Esa fue su conducta en la preparación de los asuntos presentes, pero todavía debía temer muchos peligros futuros, como que fuese su enemigo el nuevo Papa e intentara arrebatarle lo que le había dado Alejandro VI, su padre. Intentó protegerse de tales peligros y lo primero que hizo fue acabar con el linaje de todos los señores a los que había despojado de sus dominios, privando de este modo al futuro Papa de excusas y de la ayuda que aquellos le habrían podido ofrecer para despojar al duque de sus dominios recién adquiridos. En segundo lugar, intentó granjearse la amistad de todos los nobles de Roma, para de este modo poder contener al Papa en su misma capital. En tercer lugar, intentó poner al colegio cardenalicio de su parte. Por último, adquirió tantos Estados, tantas soberanías y tanto poder antes de que muriese su padre, que ya se encontraba fuerte y preparado para resistir el primer asalto contra él.

Cuando murió Alejandro, el duque ya había empleado con pleno éxito tres de los cuatro procedimientos y lo tenía todo dispuesto para emplear también el último. Había quitado la vida a la mayor parte de los señores a los que había despojado de sus territorios y muy pocos habían escapado de sus manos; había ganado la voluntad de los nobles de Roma y lo apoyaba un importante sector del colegio cardenalicio. En cuanto a sus conquistas, planeaba hacerse dueño de Toscana y ya tenía en su poder Perugia y Piombino. Le faltaba tan solo la formalidad de tomar Pisa, que se había situado bajo su protección. En cuanto a los franceses, tampoco le inquietaban ya, pues habían sido expulsados del reino de Nápoles por los españoles y cada uno de estos pueblos deseaba conseguir su amistad. Apoderándose de Pisa, Luca y Siena tendrían que ceder enseguida, en parte por odio a los florentinos y en parte por miedo; y los florentinos no podían defenderse pues carecían de fuerzas adecuadas. Si hubiera podido ejecutar todos estos procedimientos antes de la muerte de Alejandro, no cabe duda de que el duque habría gozado de suficiente fuerza y prestigio como para sostenerse por sí mismo, independientemente de su fortuna y del poder del otro.

Pero cinco años después de que el duque hubiera desenvainado la espada, Alejandro murió, dejándole tan solo consolidado en el Estado de la Romaña y con todas sus otras conquistas en el aire, entre dos potencias bien armadas. Y aunque César se encontraba afectado por una enfermedad mortal, era tanta su habilidad y tan excelente su valor, y sabía tan bien a quiénes debía destruir y de quiénes conseguir su amistad, que en tan poco tiempo supo asentar su poder sobre cimientos tan sólidos, que de no haber tenido enfrente dos ejércitos enemigos (o si hubiera conservado la salud), no cabe duda de que habría superado todas las demás dificultades.

La prueba de que sus principios eran muy firmes es que durante más de un mes la Romaña se mantuvo fiel y tranquila, y que, incluso cuando ya estaba medio muerto, nada tuvo que temer por parte de Roma, ni se atrevieron a perseguirlo los Baglioni, los Vitelli y los Orsini, a pesar de que se trasladaron a Roma.

Al menos consiguió que, aunque no fuese elegido Papa el cardenal que él deseaba, tampoco lo fuese aquel que más le incomodaba. En fin, todo le hubiera resultado muy fácil si no se hubiera encontrado enfermo en el momento en que murió Alejandro VI. El mismo día en el que fue elegido pontífice Julio II me dijo que había pensado mucho en todo lo que podía ocurrir cuando muriese su padre y que había buscado remedios para cualquier accidente, pero que nunca se le había ocurrido que él mismo pudiera hallarse a punto de morir cuando su padre muriese.

En resumen, en todas las acciones del duque no encuentro error alguno que imputarle y me parece que puedo, como lo he hecho, proponerle como modelo a todos los que por la fortuna o las armas de otro hayan ascendido a la soberanía, con grandes propósitos y proyectos todavía mayores. Su conducta no pudo ser mejor y el único tropiezo con el que se encontraron sus designios fue la temprana muerte de Alejandro y la enfermedad que en aquel momento él mismo padeció.

En consecuencia, **cualquiera que considere necesario asegurarse la lealtad de sus enemigos en un nuevo señorío debe adquirir partidarios y vencer o por la fuerza o por la astucia; hacerse amar y temer por los pueblos o hacerse seguir y ser respetado como soldado; destruir a todos los que puedan causarle algún mal;**[33] **cambiar las leyes antiguas por otras nuevas y ser al mismo tiempo severo y agradable, magnánimo y liberal; deshacerse de un ejército y crear uno nuevo, o conservar la amistad de los príncipes y los reyes, de tal manera que deseen favorecerlo y teman tenerlo por enemigo**[34]. De todo esto no puede ofrecerse un ejemplo más reciente que el que nos presenta César Borgia.

33. «O conmigo o contra mí», página 95.

34. «Saber qué se debe hacer no implica saber cómo hacerlo», páginas 149-150.

Solamente se puede acusar a este duque por la elección de Julio II para el pontificado. Porque, como ya hemos dicho, aunque no pudiese lograr que el nombramiento recayese en la persona que él deseaba, al menos debió intentar que se excluyese al que no le convenía, pues **de ninguna manera debió permitir la exaltación de cualquiera de los cardenales a los que había ofendido y que, si se convertían en pontífices todavía podían temerle, porque los hombres nos ofenden o por odio o por miedo.**[35] Los cardenales a los que el duque debía temer por haberlos ofendido eran, entre otros, el de San Pedro Ad Vincula, el de Colonna, San Jorge y Ascanio. Todos los demás que pudieran ser elegidos también tenían motivos para temerlo, excepto el cardenal de Amboise, muy poderoso debido a la protección de Francia y los españoles, que estaban unidos a él por relaciones de parentesco y de favores recíprocos.

El duque debió haber intentado que se nombrase a un Papa español y, de no conseguirlo, le habría sido más conveniente haberse prestado a nombrar al arzobispo de Ruan, antes que al cardenal de San Pedro Ad Vincula, pues es un error creer que entre las personas de primera categoría se olvidan las ofensas antiguas gracias a los beneficios recientes.[36]

No cabe duda de que en esta elección el duque cometió un error gravísimo, que provocó después su propia ruina.

35. «Los instintos reptilianos del ser humano», página 19.

36. «El rencor nunca muere», páginas 60-61.

Capítulo VIII

De aquellos que han logrado la soberanía por medio de maldades

Me parece adecuado hablar ahora de dos modos que hay de adquirir la soberanía que son en parte independientes de la fortuna y el mérito, a pesar de que uno de ellos tendría un lugar más adecuado en el tratado acerca de las repúblicas.[37]

El primero consiste en alcanzar la soberanía por medio de alguna gran maldad. El segundo tiene lugar cuando un simple particular es elevado a la dignidad de príncipe de su patria gracias al apoyo de sus conciudadanos. Voy a mencionar dos ejemplos del primer supuesto, uno antiguo y el otro moderno, que, sin más examen ni aprecio, podrán servir de modelo a quien se encuentre en la necesidad de imitarlos.

El siciliano Agatocles, que de simple particular de la más baja extracción subió al trono de Siracusa. Aunque era hijo de un alfarero y dejó muestras de su maldad en todos los momentos de su carrera. Sin embargo, se comportó con tanta habilidad y tanto valor y energía de alma que pasó por todos los grados inferiores de la milicia y alcanzó la dignidad de Pretor de Siracusa. Después de alcanzar un cargo tan elevado, quiso conservarlo y desde allí hacerse con la soberanía y retener por la fuerza y con absoluta independencia la autoridad que voluntariamente se le había otorgado.

37. Se refiere a sus *Discursos sobre Tito Livio.*

Para lograrlo, Agatocles, que previamente se había puesto de acuerdo con Amílcar, que en ese momento mandaba el ejército cartaginés, reunió una mañana al pueblo y al Senado de Siracusa, con la excusa de conferenciar acerca de los negocios públicos, pero a una señal suya hizo degollar a todos los senadores y a los más ricos del pueblo. Una vez muertos, se apoderó sin dificultad de la soberanía y disfrutó de ella sin la menor oposición por parte de los ciudadanos. Derrotado más tarde por dos veces por los cartagineses y sitiado en Siracusa, no solo se defendió, sino que dejando en la ciudad parte de sus tropas, pasó a África con otras y amenazó de tal modo a los cartagineses que se vieron obligados a levantar el sitio y tuvieron que contentarse con conservar África y abandonar definitivamente Sicilia.

Si se examina la conducta de Agatocles, se encontrará muy poco o nada que debamos atribuir a la fortuna, puesto que no llegó a la soberanía por el favor de nadie, sino pasando uno tras otro por todos los grados militares, a costa de mil contratiempos; y se sostuvo en el poder gracias a muchas acciones tan peligrosas como esforzadas. No puede decirse tampoco que fuera virtuoso un hombre como Agatocles, que degolló a sus conciudadanos, que se deshizo de sus aliados, que no guardó lealtad ni tuvo piedad o religión. Son medios que quizá pueden conducir a la soberanía, pero de ningún modo a la gloria.

Pero si, por otra parte, consideramos lo intrépido que fue Agatocles al hacer frente a los peligros y su habilidad para librarse de ellos, así como la grandeza de su ánimo para sufrir y superar la adversidad, no se encuentran razones para añadirlo a la lista de los capitanes más célebres, a pesar de que su inhumanidad, su feroz crueldad y los innumerables delitos que cometió tampoco permiten que lo contemos entre los grandes hombres. Pero lo cierto es que no puede atribuirse ni a su virtud ni a su fortuna todo lo que logró conseguir sin ella.

En nuestros tiempos, y viviendo todavía el papa Alejandro VI, Oliverotto de Fermo se quedó huérfano de padre y madre siendo niño. Lo crio su tío materno Giovanni Flogliani, que hizo que Paolo Vitelli le enseñara el arte de la guerra y le ayudara a alcanzar un puesto distinguido. Después de la muerte de Paolo, Oliverotto sirvió a las órdenes de su hermano Vitellozo y gracias a su destreza y valor en muy poco tiempo se convirtió en capitán del ejército. Más tarde, avergonzado de servir y de que lo confundieran con los oficiales del vulgo, planeó apoderarse de Fermo, su patria, con la ayuda de Vitellozo y de otros ciudadanos que preferían la esclavitud a la libertad de aquel país. Escribió entonces a Giovanni Fogliani para decirle que, como había estado mucho tiempo ausente de su casa, deseaba visitarlo y ver el país que en cierto modo consideraba como su patria. Y que como había logrado alcanzar cierta reputación, también deseaba que sus conciudadanos se convenciesen por sí mismos de que no había desperdiciado el tiempo. Y como deseaba presentarse ante ellos con cierta brillantez, le acompañarían cien jinetes, amigos suyos, y algunos servidores, por lo que, para hacer más digno-suntuoso su recibimiento, le rogaba que convenciese a los principales ciudadanos de Fermo a que le saliesen al encuentro. Y añadió que este acto no solo sería en su beneficio, sino que también le daría honor a su tío Giovanni, que tanto se había esforzado en proporcionarle una buena educación.

Giovanni Fogliani cumplió todos los encargos de su sobrino y dispuso que los habitantes de Fermo lo recibieran con todos los honores y lo hospedó en su casa. Allí Oliverotto preparó todo lo que necesitaba para cumplir sus culpables designios y organizó un magnífico banquete al que convidó a Giovanni Fogliani y a las personas más importantes de la ciudad. Después de la comida y en medio de la alegría que suele acompañar a tales situaciones, Oliverotto dirigió la conversación hacia un asunto serio como era el del poder del papa Alejandro y de su hijo César Borgia. Giovanni y los demás iban dando su opinión por turnos cuando Oliverotto, levantándose de repente, dijo que aquel asunto debía hablarse en un lugar más secreto, por lo que se trasladó con sus invitados y su tío a otra sala. Apenas habían tomado asiento cuando unos soldados que estaban ocultos aparecieron y mataron a Giovanni y a los demás convidados.

Oliverotto monta entonces a caballo, recorre toda la ciudad, asedia el palacio del magistrado supremo, le obliga a obedecerle y le exige que establezca un gobierno en el que él será el nuevo príncipe. Después da muerte a todos los descontentos que pueden inquietarle, establece nuevas leyes civiles y militares y logra consolidar de tal manera su poder en el transcurso de un año que no solo se mantiene firme en Fermo, sino que llega a ser temido por todos sus vecinos.

Expulsarlo habría sido tan difícil como a Agatocles, si no se hubiera dejado engañar por el duque Valentino que, como ya hemos dicho, le enredó en Sinigaglia con los Orsini y los Vitelli, un año después de haber cometido el parricidio[38] y fue degollado allí junto a Vitellozo, su maestro en el arte de la guerra y de la perversidad.

Sin duda causará admiración cómo Agatocles y otros como él pudieron vivir largo tiempo en paz en su patria, defendiéndose de enemigos exteriores, sin que ninguno de sus conciudadanos conspirase contra su vida, mientras que otros príncipes nuevos no han logrado mantenerse por culpa de sus crueldades durante la paz y menos todavía en tiempo de guerra. Yo creo que esto se debe al uso bueno o malo que se hace de la crueldad. **Se puede llamar crueldad bien empleada a la que se ejerce una sola vez, porque se necesita para consolidar el poder, o cuando tan solo se ejercen medios violentos para servir al pueblo. Las crueldades mal empleadas son aquellas que, aunque de poca importancia al principio, después van aumentando, en vez de ponerles fin.**[39] Los que ejercen la crueldad del primer tipo pueden esperar que al final Dios y los hombres los perdonen, como sucedió en el caso de Agatocles; pero aquel que la usa o emplea del otro modo es seguro que no podrá mantenerse.

Se necesita, pues, que el usurpador de un Estado cometa de una vez todas las crueldades, para no repetirlas después.[40] De este modo podrá asegurarse la obediencia de

38. La muerte de su tío.

39. «La razón de Estado lo justifica todo», páginas 96-97.

40. «Lo malo, todo a la vez; lo bueno, poco a poco», páginas 51-52.

sus súbditos, e incluso podrá obtener su afecto, como si siempre les hubiera beneficiado en sus acciones. Si por estar mal aconsejado o por timidez actúa de otra manera, necesitaría tener siempre en la mano el puñal y nunca podría contar con la confianza de unos súbditos a los que de manera tan continuada y tantas veces hubiese maltratado. Porque, insisto de nuevo, **todas estas ofensas han de hacerse de una vez, para que, de este modo, duelan menos, al ser menor el intervalo en el que tienen lugar; por el contrario, los beneficios deben derramarse poco a poco y de uno en uno, para que se degusten con más placer.**[41] Es necesario por encima de todo que un príncipe se comporte de tal manera con sus súbditos que ningún acontecimiento le haga cambiar de conducta, ni en lo bueno ni en lo malo: pues cuando se actúa mal no existe la ocasión oportuna cuando la fortuna se tuerce, y para obrar bien, tampoco se agradece porque se considera que es por causa de la necesidad.

Capítulo IX

De los principados civiles

La otra manera de obtener la soberanía sin emplear la traición ni la violencia consiste en convertirse uno en príncipe de su país mediante el favor y la ayuda de sus conciudada-

41. ***Ibid.***

nos, por lo que a este tipo de principados se les puede dar el título de civiles. Quien los adquiere no siempre posee méritos singulares ni una suerte extraordinaria, sino mucha habilidad y el saber aprovechar una ocasión favorable. Se asciende en este caso a la soberanía gracias a la voluntad del pueblo o con la ayuda de los poderosos. Porque **en todas las ciudades se encuentran estas dos voluntades: la del pueblo, que no desea ser gobernado y oprimido por los poderosos, y la de los poderosos, que quieren gobernar al pueblo y oprimirlo. De esta diversidad de intereses en la ciudad se produce uno de estos tres efectos: o el principado, o la libertad,**[42] **o el desorden.**[43]

El principado se origina en el pueblo o en los nobles según lo decide la fortuna, porque **cuando los nobles se ven acosados en exceso por el pueblo, suelen encontrar un medio para subyugarlo con facilidad al tomar como caudillo a alguno de los de su jerarquía y concediéndole el nombre de príncipe, para, bajo la sombra de una autoridad reconocida, hacer realidad la necesidad que tienen de dominar. Y el pueblo, por su parte, para no ceder a su enemigo, en ocasiones toma el partido de oponerle un plebeyo, de quien espera apoyo y protección.**[44]

El que asciende al principado con el apoyo de los nobles se sostiene en él con mucha más dificultad que el que lo hace con el apoyo del pueblo, porque suele estar rodeado de

42. Entendiendo por libertad un gobierno republicano.

43. «La fuerza debe ir acompañada de la persuasión», páginas 140-142.

44. *Ibid.*

hombres que, al considerarse sus iguales, difícilmente se someten a su autoridad. Pero aquel que consigue el principado con el favor popular, está solo, y raramente encuentra entre quienes lo rodean a alguien que se atreva a oponerse a su voluntad.

Además, resulta fácil contentar al pueblo sin cometer injusticia, pero no lo es tanto contentar a los grandes, porque ellos quieren ejercer la tiranía y el pueblo se limita a intentar evitarla. Por otra parte, un príncipe puede sin demasiado esfuerzo contener en los límites de la obediencia a los nobles que se le oponen, por ser corto su número, pero ¿cómo puede estar seguro de la obediencia y fidelidad del pueblo, si en este se alejan sus propios intereses de los del príncipe?

No cabe duda de que el pueblo abandonará pronto a un príncipe hacia el que no sienta afecto, del mismo modo que le abandonarán los nobles contra cuyos intereses gobierne. Unos y otros coinciden en esto, pero el príncipe debe darse cuenta de que los grandes, que saben calcular mejor y aprovechan mejor las circunstancias favorables, en cuanto experimenten el primer revés de la fortuna le volverán la espalda para obedecer y hacerse agradables al vencedor. Por último, advierta el príncipe que tiene que vivir siempre con el mismo pueblo, pero no con los mismos nobles, a quienes puede elevar o abatir según le convenga, o colmarlos de favores o de desgracias.

Con la intención de ilustrar cuanto sea posible la materia, paso a examinar los dos aspectos bajo los que debe mirar el príncipe a los grandes, para saber si están por completo unidos o no a su causa. Aquellos que dan muestras de adhesión y celo hacia el príncipe deben ser honrados y amados, siempre que no se trate de hombres entregados al latrocinio. Entre los que se niegan a mostrar suficiente interés por la suerte del príncipe, algunos se comportarán mal por debilidad y cobardía, mientras que otros lo harán por cálculo y llevados por la ambición. El príncipe debe intentar sacar el partido que pueda de los primeros, en especial si están bien dotados, porque ello redundará en su propia honra en tiempos de prosperidad. Y cuando los tiempos sean adversos, pocas veces habrá que temer a hombres de un carácter semejante. Pero debe desconfiar de los otros como de enemigos suyos declarados, pues no se contentarán con abandonarlo si la fortuna le es adversa, sino que incluso podrán tomar las armas en su contra.

Un ciudadano que asciende al principado civil por el favor del pueblo debe esforzarse en conservar su afecto, algo que siempre es fácil, pues el pueblo lo único que quiere es no ser oprimido; pero aquel que llega a ser príncipe por la ayuda de los grandes y contra la voluntad del pueblo debe por encima de todo intentar ganarse su voluntad, cosa que conseguirá si lo protege de quienes intentan oprimirlo. **Cuando los hombres reciben beneficios de la misma mano de la que esperaban agravios, se aficionan a su dueño con mayor eficacia;**[45] y por ello, el pueblo sometido a un nuevo príncipe que se muestra como su bienhechor se aficiona a él incluso más que si el propio pueblo le hubiera elevado a la soberanía.

45. **«Premios a cambio de afecto y fidelidad», páginas 183-184.**

Se infiere de todo lo anterior que el príncipe puede granjearse la benevolencia del pueblo de diferentes maneras, de las cuales sería inútil hablar aquí en detalle, debido a la dificultad de aplicar una regla fija y que se aplique a cualquier circunstancia. Tan solo diré que **el príncipe necesita ganarse la voluntad del pueblo si quiere contar con algún recurso en la adversidad.**[46]

Cuando Nabis, príncipe de Esparta, fue atacado por el ejército victorioso de los romanos y los otros Estados de Grecia, solo tuvo que contener a un pequeño número de enemigos interiores durante el peligro. De este modo pudo defender con facilidad su patria y su Estado, pero no cabe duda de que habría sido muy diferente si hubiera tenido al pueblo como enemigo.

En vano se opondrá a mi opinión el manoseado proverbio que dice: «Contar con el pueblo es lo mismo que escribir en el agua». El dicho podrá ser cierto si se refiere a un ciudadano que lucha con poderosos enemigos, o contra la opresión de los magistrados, como les sucedió a los Graco en Roma, y a Gregorio Scali en Florencia, pero **a un príncipe al que no le falta valor y habilidad, y que en vez de abatirse cuando la fortuna le es contraria sabe mantener el orden en sus Estados, tanto gracias a su firmeza como a las medidas acertadas que toma, jamás le pesará haber logrado contar con el afecto del pueblo.**[47]

46. «El afecto del pueblo es el arma más poderosa», página 70.

47. «Las mejores cualidades del líder», páginas 32-34.

Un príncipe corre a su ruina cuando quiere alcanzar el poder absoluto, en especial cuando no gobierna por sí mismo, porque entonces depende de aquellos a los que ha confiado su autoridad, que se negarán a obedecerle ante la primera dificultad que se produzca, o que incluso se sublevarán contra él; y en tal caso ya no es momento para pensar en hacerse con el poder absoluto: en primer lugar, porque no sabrá de quién fiarse, y en el segundo caso, porque los ciudadanos y súbditos están acostumbrados a obedecer a los magistrados y no aceptan reconocer otra autoridad. Será mucho más embarazosa la situación del príncipe porque no podrá aprovechar las reglas del Estado en los tiempos ordinarios si ahora todos tienen que recurrir a su autoridad. En ese caso, **todos recurrirán a él y se mostrarán dispuestos a morir en su defensa, al menos mientras se hallen lejos de la muerte de la que hablan. Pero cuando vengan los reveses de la fortuna y llegue la ocasión de ofrecer tales servicios por parte del pueblo, el príncipe descubrirá, ya demasiado tarde por desgracia, que aquel ardor era poco sincero.**[48]

Experiencia más triste y peligrosa porque no suele hacerse dos veces.

Por lo tanto, **un príncipe sabio debe comportarse en todo momento y situación de tal modo que sus súbditos estén convencidos de que lo necesitan y de que no pueden estar sin él: esta será siempre la mejor garantía de la fidelidad de los pueblos.**[49]

48. **«Un líder debe hacerse siempre necesario», páginas 30-32.**

49. ***Ibid.***

Capítulo X

Cómo deben graduarse las fuerzas del gobierno

Cuando estudiamos los diferentes tipos de gobierno, no debemos olvidar aquellos en los que el príncipe posee un Estado tan poderoso que puede defenderse por sí mismo, o aquellos en los que necesita que le ayuden sus aliados. Para aclarar este asunto diré que considero capaces de sostenerse por sí mismos a aquellos príncipes que poseen suficiente cantidad de dinero y tropas como para mantener a un ejército en campaña contra cualquier enemigo que los ataque. Y que considero que necesitan protección de otros aquellos príncipes que no pueden hacer frente al enemigo en el campo de batalla y tienen que refugiarse y defenderse tras los muros de las ciudades.

Ya he hablado de la primera posibilidad y más tarde volveré a ocuparme de esa situación. En cuanto al segundo caso, tan solo puedo recomendar a los príncipes que mantengan bien abastecidas sus propias ciudades y no se preocupen del resto del país.

Porque si el príncipe ha actuado de la manera que he recomendado y que recomendaré, solo será atacado en casos extremos, porque a los hombres no les gustan las dificultades y no parece fácil atacar a un príncipe que ha fortificado bien su ciudad y que no es odiado por su pueblo.

Las ciudades de Alemania son completamente independientes y, aunque controlen un territorio pequeño, solo obedecen al emperador cuando quieren, y no le temen ni a él ni a ningún otro vecino poderoso. La razón es que están tan bien fortificadas que asediar estas ciudades sería fatigoso y difícil. Todas tienen buenos fosos y grandes murallas, disponen de buena artillería y guardan bebida, comida y combustible en sus almacenes como para un año. Además, para mantener alimentado al pueblo bajo sin gastar el tesoro público, mantienen el suministro de materias primas necesario para que puedan trabajar en todos los oficios que son necesarios para el sostenimiento de la ciudad. Por otra parte, cuidan mucho las artes militares, que están organizadas mediante todo tipo de reglamentos.

Por todo lo anterior, un príncipe que reside en una ciudad bien fortificada y que cuenta con el afecto de sus habitantes no puede ser atacado con garantías. E incluso, si lo fuera, el asedio se tendría que levantar de manera vergonzosa, porque las cosas de este mundo son tan cambiantes que casi nadie puede sostener durante un año el asedio a una ciudad, manteniendo a su ejército inactivo en un Estado ajeno.

Se me dirá, sin embargo, que el pueblo, que tiene sus posesiones fuera de la ciudad, al verlas destruidas, acabará por perder la paciencia y el amor hacia su príncipe. Yo respondo que un príncipe enérgico y capaz podrá superar siempre esas dificultades, al inspirar a sus súbditos la esperanza de que el asedio ya no podrá durar mucho, así como infundiendo en ellos el temor a la crueldad que ejercerá el enemigo en caso de resultar victorioso. Y también sabrá protegerse con hábiles maniobras de aquellos ciudadanos que protesten en exceso. Por otra parte, el enemigo sin duda destruirá e incendiará los campos al comienzo de la invasión, cuando el ánimo de los asediados todavía está firme y deseoso de defender la ciudad. De este modo, el príncipe tiene menos que temer, porque cuando los ánimos se enfríen, el mal ya estará hecho y no tendrá remedio, por lo que el pueblo, al verse ahora sin posesiones, se unirá incluso más a su príncipe. Porque **está en la naturaleza de los hombres el sentirse obligados tanto por los beneficios que otorgan como por los que reciben.**[50]

En consecuencia, no será difícil para un príncipe prudente lograr mantener el valor de los sitiados antes y después de la destrucción del país, con tal de que no le falte comida y armas para defender la ciudad amurallada.

Capítulo XI

De los principados eclesiásticos

Me falta hablar de los principados eclesiásticos, que no se adquieren con tanta facilidad como se conservan. La razón se debe en parte a que solo se consiguen por el mérito o por la fortuna, y en parte a que este tipo de gobierno se fundamenta en las antiguas instituciones religiosas, cuya influencia es tan poderosa que el príncipe se mantiene sin mucho esfuerzo. Los príncipes eclesiásticos son los únicos que poseen Estados pero no están obligados a defenderlos, y que

50. «La generosidad crea vínculos», páginas 71-72.

tienen súbditos pero no deben esforzarse en gobernarlos. Son los únicos de los que se respetan las tierras y en los que sus vasallos no tienen la intención de librarse de su dominio. En una palabra, son los únicos Estados en los que el príncipe encuentra felicidad y seguridad. Pero como se gobiernan por medios sobrehumanos que están más allá del alcance de nuestra débil razón, sería temerario y una necia presunción por mi parte hablar de ellos.

Sin embargo, si se me pregunta de qué modo el poder temporal de la Iglesia ha aumentado desde el pontificado de Alejandro VI hasta el extremo de infundir temor a un rey de Francia, expulsarlo de Italia y destrozar a los venecianos, mientras que antes de estos tiempos, no ya solo los potentados de este país, sino los simples barones e incluso los señores más débiles, temían muy poco al obispo de Roma, en especial en lo que se refiere a lo temporal, no responderé, sino que tan solo relataré varios acontecimientos bastante conocidos sobre los que no será inútil reflexionar.

Antes de que Carlos VII, rey de Francia, entrase en Italia, la soberanía de este país estaba repartida entre el rey de Nápoles, el Papa, los venecianos y los florentinos. La política de estos príncipes consistió en impedir que cualquiera de ellos se engrandeciera y en que no penetrasen en Italia potencias extranjeras.

El Papa y los venecianos poseían los Estados más respetables, y para contenerlos habría sido necesaria una alianza de todos los demás, como se vio en la defensa de Ferrara. En cuanto a los papas, se servían de los barones romanos, que como estaban divididos en dos facciones, los Orsini y los

Colonna, siempre tenían las armas en la mano para vengar sus ofensas particulares, incluso ante los ojos del pontífice, cuya autoridad no podía hacer otra cosa que sufrir esta guerra intestina. Si en alguna ocasión reinaba un Papa de carácter enérgico, como Sixto V, capaz de reprimir tales abusos, la corta duración de su pontificado bastaba para que desapareciese el efecto. Los esfuerzos de estos pontífices se limitaban a humillar durante algún tiempo a una de las dos facciones, que volvía a levantar la cabeza en el siguiente reinado. Así era como el poder de los papas empleaba sus fuerzas de manera estéril, perdiendo su reputación tanto en el interior de sus Estados como entre los extranjeros.

En circunstancias semejantes, Alejandro VII fue elevado a la cátedra pontificia, y ninguno de los que le precedieron ni ninguno de los que le han sucedido han demostrado como él cuánto es capaz de hacer un pontífice con hombres y con dinero. Ya conté antes lo que hizo por el duque Valentino, y cuando entraron los franceses en Italia, y aunque no cabe duda de que buscó más el engrandecimiento de su hijo que el de la Iglesia, esta no dejó de obtener un gran beneficio de sus empresas, tras la muerte del pontífice y del mismo duque.

Julio II, sucesor de Alejandro, se encontró con el Estado de la Iglesia aumentado con las posesiones de toda la Romaña, además de extinguidas las facciones romanas por la habilidad de su antecesor. Además, encontró la manera de acumular riquezas con métodos que nunca había empleado Alejandro o sus predecesores. Julio superó en todos estos asuntos a Alejandro, pues planeó capturar Bolonia, controló a los venecianos y expulsó de Italia a los franceses. Triunfó en todos estos terrenos y es más digno de elogio porque este Papa se esforzó por enriquecer a la Iglesia y no a sus parientes.

Julio dejó a los Orsini y los Colonna en el estado en el que los había encontrado en el momento de su ascensión. Y aunque había varios líderes entre ellos que querían provocar cambios, dos cosas se lo impidieron: el poder de la Iglesia, que los asustaba, y el no tener cardenales entre sus familiares. Porque esas casas nunca estuvieron en paz mientras tuvieron cardenales, puesto que los cardenales suelen aprovechar su influencia para fomentar disturbios dentro y fuera de Roma. Disturbios en los que se ven obligados a participar los señores de una y otra facción, pues la discordia que existe entre los barones siempre tiene su origen en la ambición de los prelados.

En consecuencia, Su Santidad León ha encontrado a la Iglesia extraordinariamente poderosa. Pero si Alejandro y Julio la consolidaron por su valor, todo nos anuncia que León X coronará la obra por su bondad y sus incontables cualidades.

Capítulo XII

De las diferentes especies de milicia y de los soldados mercenarios

Después de haberme ocupado de varios tipos de Estados políticos que me había propuesto mencionar, y de examinar las causas de su prosperidad y de su decadencia, así como de los medios con los que muchos los adquirieron y los conservaron, me queda tratar ahora de los recursos que proporcionan las diferentes clases de milicia, tanto para la guerra ofensiva como para la defensiva.

Ya he dicho que si los príncipes quieren que su poder sea duradero, deben sostenerlos sobre cimientos sólidos. **Los buenos fundamentos de los Estados, ya sean antiguos o modernos, consisten en las buenas leyes y las buenas tropas. Pero no pueden existir las buenas leyes sin las buenas tropas,**[51] y como estos dos elementos del poder político siempre van unidos, me parece que es suficiente con hablar de uno de los dos.

Las tropas que se emplean para la defensa de un Estado son o nacionales o extranjeras o mixtas. **Las tropas del segundo tipo son peligrosas e inútiles, ya se las emplee como auxiliares o como asalariadas:**[52] **nunca estará seguro el príncipe que cuente con soldados auxiliares y mercenarios, porque están poco unidos entre sí, son ambiciosos y carecen de disciplina y fidelidad. Son valientes entre los amigos, pero cobardes en presencia del enemigo; sin temor de Dios y sin buena fe respecto a los hombres, por lo que el príncipe, para retrasar su caída, tiene que emplear sus mayores esfuerzos en evitar la necesidad de recurrir a dichas tropas. En una palabra, esas tropas roban al estado en tiempo de paz como lo hace el**

51. «De nada sirven las leyes sin buenas tropas», páginas 139-140.

52. «La importancia de un ejército nacional», páginas 118-122.

enemigo en tiempo de guerra.[53] ¿Y cómo podría ser de otra manera? **Al no ponerse este tipo de tropas al servicio del Estado excepto por el interés de su salario, que nunca es tan elevado como para que equivalga al riesgo de perder la vida, solo sirven a gusto en tiempo de paz, y en cuanto se declara la guerra es muy difícil someterlas a una rigurosa obediencia.**[54] Sería muy fácil probar este punto, puesto que la ruina actual de Italia procede tan solo de la confianza que se depositó en las tropas mercenarias. Es cierto que al principio llevaron a cabo buenos servicios y que se mostraron animadas al combatir con otras tropas del país, pero cuando se presentaron los extranjeros se acabó su valor y revelaron lo que eran. Y por ello Carlos, rey de Francia, se apoderó de Italia con suma facilidad y sin más esfuerzo que el de encontrar alojamiento a sus soldados en cada lugar. Y no mentían los que decían que nuestros pecados eran la causa de aquella pérdida, porque, en efecto, nos causaron grandes desgracias nuestros propios errores, o por mejor decir, los de los príncipes, que pagaron bien su merecido.

Para aclarar más este asunto, tengo que advertir que no puede tenerse ninguna confianza en los jefes de semejantes unidades, ya sean buenos o malos oficiales. En el primer caso, porque aspiran a elevarse oprimiendo al príncipe que los emplea, o bien oprimiendo a otros contra las órdenes del propio príncipe; en el segundo caso, porque de los ma-

53. «El mejor soldado es el buen ciudadano», páginas 122-126.

54. *Ibid.*

los oficiales solo puede esperarse la inmediata ruina del Estado que los emplea.

Se me dirá que lo mismo puede suceder con cualquier otro capitán que tenga tropas a su mando. A esto responderé explicando **cómo deben emplearse los ejércitos mercenarios, por un príncipe o por una república. En el primer caso, el príncipe debe ponerse al mando del ejército**;[55] en el segundo caso, la república debe conceder el mando a uno de sus ciudadanos. Si este no es adecuado, se debe nombrar a otro, y si es un buen capitán, se lo debe tener en la situación de que no pueda excederse más allá de las órdenes que reciba.

La experiencia nos enseña que los Estados, sean o no republicanos, han podido llevar a cabo por sí mismos grandes empresas, pero que las milicias mercenarias siempre les han causado perjuicios. Pero en lo que se refiere a las repúblicas, añado que podrán librarse mejor de la opresión de quien dirija sus tropas cuando son nacionales que cuando son extranjeras. Roma y Esparta se mantuvieron libres muchos siglos con las milicias de su país, y en la actualidad los suizos son tan libres porque están muy bien armados.

Como prueba de lo que acabo de decir acerca del peligro de servirse de tropas extranjeras, puede mencionarse a los cartagineses y a los tebanos. Los primeros, a pesar de tener como capitanes a sus propios ciudadanos, se vieron a punto de caer bajo la tiranía de las milicias extranjeras que tenían a sueldo al final de su primera guerra con los romanos. En cuanto a los de Tebas, es sabido que cuando Filipo de Mace-

55. «El ejemplo es (casi) lo único que enseña», páginas 36-38.

donia consiguió que le dieran el mando de sus tropas después de la muerte de Epaminondas, tan solo venció a los enemigos de esta república para someterla.

Juana II, reina de Nápoles, cuando se vio abandonada por Sforza, general de sus tropas, se vio obligada a ponerse en manos del rey de Aragón para conservar su trono. ¿Y Francesco Sforza, hijo del anterior?, ¿no vimos cómo se unió a los venecianos después de haberlos derrotado en Caravaggio, para así oprimir a los milaneses que le habían confiado el mando de sus tropas a la muerte de su duque Felipe Maria Visconti?

Se me responderá tal vez que los venecianos y los florentinos han aumentado sus respectivos Estados, empleando únicamente milicias extranjeras mercenarias, y que sus generales siempre les han servido bien, sin que ninguno de ellos se haya apoderado de la soberanía. A esto respondo que los florentinos han tenido mucha suerte, porque sus capitanes, cuya ambición podían temer, o no fueron vencedores o encontraron obstáculos, o bien pusieron su atención en otra parte. Entre los primeros puede contarse a Giovanni Acuto, cuya fidelidad no quedó probada, pero está claro que, si hubiera resultado vencedor, los florentinos se habrían hallado a su merced.

Si los Braccio y los Sforza no conspiraron contra el Estado al que servían, se debió a que, al ser rivales, se vigilaban los unos a los otros. No obstante, se sabe que el hijo de Sforza dirigió su ambición contra Lombardía, y Braccio contra el Estado eclesiástico y el reino de Nápoles. Pero regresemos a lo que hemos visto hace poco por aquí.

Los florentinos dieron el mando de sus tropas a Paolo Vitteli. Hombre de baja extracción, pero muy prudente, quien tras retirarse de los asuntos públicos adquirió una gran reputación cuando fue elevado a ese puesto. Pero si este general hubiera tomado Pisa, la libertad de los florentinos habría estado en grave riesgo, o incluso sin existencia política, pues para ello hubiese bastado con que se hubiera pasado con sus tropas al servicio de los enemigos.

En cuanto a los venecianos, es también evidente que todos sus progresos los han obtenido gracias a sus propias armas, es decir, a la guerra marítima, y que su época de decadencia comenzó cuando quisieron combatir en tierra y adoptar las costumbres y métodos de los otros pueblos de Italia.

Mientras sus posesiones fueron poco extensas en tierra firme tuvieron poco que temer de sus generales, porque se mantenían todavía gracias al esplendor de su antiguo poder. Pero no tardaron en darse cuenta de su error cuando extendieron sus conquistas bajo el mando del capitán carmañola. Al ver que un hombre tan hábil y decidido como él, estando a su servicio contra el duque de Milán, al que ya había derrotado, sin embargo se dejó vencer después para así prolongar la guerra, se dieron cuenta de que no volverían a ganar la guerra porque el general no quería ganarla, pero como no lo podían despedir sin perder lo que ya había ganado gracias a su valor, decidieron asesinarlo.

Los venecianos tuvieron después otros generales, como Bartolomé Coleoni de Bérgamo, Roberto de San Severino, el conde de Pitigliano y otros parecidos, de los que podían esperar más pérdidas que ganancias, como sucedió en la jornada de Vaila, donde quedó sepultado el fruto de ochocientos años de fatigas y esfuerzos. Los avances que se consiguen con ese tipo de milicia son endebles y lentos, pero las derrotas, rápidas y casi prodigiosas.

Puesto que estos ejemplos me han llevado a hablar de Italia y de la triste experiencia que ha tenido al emplear ejércitos extranjeros, examinaré las cosas desde más atrás para que, al conocer su origen y evolución, sirva por lo menos para prepararse ante efectos todavía más funestos. Es necesario, al hacerlo, tener presente que después de que el imperio perdiese el prestigio y poder que había tenido en Italia, y cuando empezó a tomar consistencia la autoridad del Papa, este país fue dividido en muchos Estados.

La mayoría de las ciudades tomaron las armas contra la nobleza, que, con el apoyo del emperador, las tenía sufriendo bajo la más cruel opresión. El Papa las ayudó en esta empresa y de este modo aumentó su poder temporal.

Otras ciudades quedaron bajo el dominio de sus propios ciudadanos, de tal modo que Italia se convirtió en súbdita de la Iglesia y de algunas repúblicas.

Los príncipes eclesiásticos, que ignoraban el arte de la guerra, fueron los primeros que se sirvieron de ejércitos extranjeros, y Alberico de Comio, natural de la Romaña, fue el que dio más crédito a este tipo de milicia. En su escuela se formaron los Braccio y los Sforza, que se convirtieron en árbitros de Italia, y a ellos les han sucedido todos los que han mandado en los ejércitos del país hasta el día de hoy.

A sus célebres hazañas se debe que la hermosa Italia haya sido invadida por Carlos VIII, saqueada y devastada por Luis XII, oprimida por Fernando e insultada por los suizos. Los jefes de estos ejércitos errantes empezaron después a despreciar a la infantería, en parte para hacerse ellos mismos más necesarios, y en parte porque, al no tener Estados y mantenerse gracias a su ingenio, poco podían hacer con un cuerpo pequeño de infantería y tampoco podían mantener otro más numeroso. Advirtieron, en consecuencia, que les resultaba más fácil con la caballería y proporcionaban el número suficiente de jinetes que pudieran ser alimentados con los recursos del país. Se llegó a la situación de contar con apenas dos mil soldados de infantería en un ejército de veinte mil hombres. A esto se añade que, para hacer menos penoso su oficio, y sobre todo menos peligroso, se habían puesto de acuerdo para no matarse unos a otros en las escaramuzas, limitándose a hacer prisioneros, que además se devolvían sin pagar rescate. Nunca preparaban un asalto por la noche, ni los sitiados emprendían ninguna salida a esas horas; no acampaban si no hacía buen tiempo, y, en fin, no hacían ni siquiera trincheras en sus campamentos. Con una disciplina tan extravagante, inventada a propósito para huir del peligro, no podía tardar Italia en ser esclavizada y en perder por completo la reputación de la que hasta entonces había disfrutado.

Capítulo XIII

De las tropas auxiliares, mixtas y nacionales

Se llama tropas auxiliares a las que un príncipe recibe en préstamos de sus aliados para su socorro y defensa. Cuando el papa Julio II descubrió a su pesar el peligro de emplear ejércitos mercenarios, recurrió a Fernando, rey de España, quien se comprometió a enviarle tropas de socorro.

Este tipo de milicia puede ser útil a quien la envía, pero siempre es funesta para el príncipe que la solicita. Porque, si es vencida, será él quien sufra la pérdida, y si es vencedora, quedará a su merced. La historia antigua está llena de ejemplos que lo confirman, pero me limitaré a contar uno reciente. Como Julio II quería apoderarse de Ferrara, pensó en encargar esta expedición a un extranjero, pero para su suerte, tuvo lugar un incidente que le salvó de pagar bien cara semejante imprudencia. Sucedió que, tras ser derrotadas sus tropas auxiliares en Rávena, sus vencedores fueron atacados por sorpresa por los suizos, que les obligaron a huir; de esta manera se libró el pontífice, no solo del enemigo, que fue vencido más adelante, sino de sus tropas auxiliares, que tan poca participación tuvieron en la victoria alcanzada.

Cuando los florentinos decidieron sitiar Pisa, como no tenían ejércitos nacionales, contrataron a diez mil franceses, error que les supuso mayores males que los que hasta entonces habían padecido. El emperador de Constantinopla, amenazado por sus vecinos, dejó entrar en Grecia a diez mil turcos, a los que no pudo expulsar de allí una vez concluida la guerra, y así quedó esta provincia sometida a los infieles.

Quien quiera situarse en una posición en la que nunca resulte vencedor, lo único que necesita es emplear esta clase de milicia, que es incluso peor que las tropas mercenarias, porque forma un cuerpo que solo debe obediencia a un extraño. Por el contrario, si se recluta esta clase de milicia por quien la emplea y la paga, pero no forma un cuerpo separado, no será tanto el peligro de que sea peligrosa una vez vencido el enemigo: porque al ser el jefe nombrado por el mismo príncipe, no puede de golpe adquirir suficiente autoridad sobre el ejército como para que vuelva sus armas contra el que le paga. En fin, yo creo que debe temerse tanto el valor de las tropas auxiliares como la cobardía de las mercenarias, y que **un príncipe prudente más bien preferirá exponerse a ser vencido con sus propias tropas antes que a vencer con las extranjeras: además, no es una verdadera victoria la que se consigue con ayuda ajena.**[56]

En prueba de esta afirmación no puedo menos que citar el ejemplo de César Borgia. Se apoderó de Ímola y de Forli con la ayuda de tropas francesas. Al ver que no podía contar de ninguna manera con su fidelidad, recurrió a los ejércitos mercenarios que capitaneaban los Orsini y los Vitelli, como menos temibles; pero al encontrar tan poca seguridad después tanto en unas como en otras, decidió deshacerse de todas ellas y no volvió a servirse más que de sus propios soldados.

56. «La habilidad para elegir equipo», páginas 42-43.

Si se quiere comprender la extraordinaria diferencia que existe entre estos dos tipos de ejércitos, compárense las campañas del propio duque cuando tenía a sueldo a los Orsini y a los Vitelli con las que llevó a cabo al frente de sus propias tropas: porque hasta que fue dueño absoluto de sus soldados no llegó a conocerse por entero su talento.

Quisiera limitarme a los ejemplos sacados de la historia moderna de Italia, pero es tan a propósito el ejemplo de Hierón de Siracusa, de quien ya he hablado, que no puedo omitirlo. La ciudad le había confiado el mando de sus tropas, compuestas de extranjeros mercenarios, pero como no tardó aquel general en advertir lo poco que podía esperar de semejante milicia asalariada, cuyos jefes se comportaban casi como nuestros italianos, al ver ya con claridad que ni podía servirse de ella ni licenciarlos, tomó la violenta decisión de destruirlos, y mantuvo entonces una guerra contra sus propios soldados.

Citaré también un pasaje extraído del Antiguo Testamento. Cuando David se ofreció a luchar contra el filisteo Goliat, el rey Saúl, para encender su ánimo, le armó con su espada, su morrión y su coraza, pero al ver David que esas armas eran más un estorbo que una ventaja, declaró que para vencer a su enemigo le bastaba con su propia honda y un cuchillo. **Pocas veces le sienta bien a alguien una armadura ajena, lo más común es que le quede demasiado estrecha o demasiado holgada, o que se le caiga de los hombros.**[57]

57. «El mejor soldado es el buen ciudadano», página 126.

En definitiva, o los ejércitos extranjeros se convierten en una carga muy pesada o abandonan al que los necesita en el peor momento, o se vuelven contra la persona que los ha contratado. Carlos II, padre de Luis XI, después de que gracias a su valor libró a Francia de los ingleses y al quedar convencido de la necesidad de combatir con sus propias fuerzas, estableció por todo el reino compañías de caballería e infantería. El citado Luis XI después suprimió a los infantes y en su lugar contrató a los suizos. Este error, que también cometieron sus sucesores, es el origen de los infortunios de aquel Estado, como se ve en la actualidad. Porque al premiar-proteger-acreditar a la milicia helvética, envilecieron la suya, a la que acostumbraron a combatir junto a los suizos, hasta el punto de que no confían en vencer sin ellos, de tal manera que los franceses no se atreven a pelear con los suizos ni hacer la guerra a los demás sin contar con ellos.

Los ejércitos franceses son en parte mercenarios y en parte nacionales, una mezcla que los hace superiores a las tropas puramente asalariadas o auxiliares, pero muy inferiores a las que se forman en el propio país. El ejemplo que acabo de mencionar basta para probar que Francia sería invencible si hubiera seguido con fidelidad las disposiciones militares de Carlos VII. Pero **el poco juicio de los hombres hace que se dejen llevar por las apariencias sin prever el veneno que se oculta**,[58] como sucede con la tisis,[59] de la que

58. «La prudencia activa», páginas 150-152.

59. Tisis o fiebre ética, que quizá es un juego de palabras.

ya he hablado. En consecuencia, **el príncipe no es sabio si no advierte los males excepto cuando ya no queda tiempo para remediarlos. Este es un talento que pocos hombres poseen.**[60] Si buscamos **el primer signo de la decadencia del Imperio romano descubriremos que fue tomar a sueldo a los godos, lo que debilitó al ejército romano y dio ventaja a los godos.**[61]

Un príncipe que solo puede defender su Estado con tropas extranjeras se encuentra a merced de la fortuna y sin ningún recurso en la adversidad. Es una máxima generalmente admitida que no hay poder tan débil como el que no se apoya en sí mismo; es decir, el que no se defiende gracias a sus propios ciudadanos[62] sino recurriendo a extranjeros, ya sean aliados o ya sean asalariados. No resulta difícil poner en marcha un ejército nacional empleando los mismos métodos de los que se sirvió con mucha habilidad Filipo, padre de Alejandro Magno y otros muchos Estados, tanto monárquicos como republicanos, de los que ya he hablado en escritos anteriores: el lector puede leer las constituciones de aquellos pueblos para aprender esta materia.

60. «Un líder debe ser capaz de vislumbrar el futuro», pp. 193-194.

61. «La confianza es el lubricante del liderazgo», páginas 43-44.

62. *Ibid.*

Capítulo XIV

De las obligaciones del príncipe en relación con el ejército

El arte de la guerra es el único estudio al que deben dedicarse los príncipes, pues es la ciencia de los que gobiernan.[63] De sus progresos en ella depende la conservación de sus Estados y su acrecentamiento, de tal modo que por haber destacado en estos estudios, hombres comunes han ascendido a la dignidad suprema, mientras que otros soberanos la perdieron de manera vergonzosa por abandonarse a un cobarde y afeminado reposo.

La pérdida de los Estados se debe al desprecio de un arte tan importante; a su estudio, la obtención de otros nuevos, así como la pacífica y estable posesión de los ya adquiridos.

Francesco Sforza desde simple particular logró ser duque de Milán, porque tenía a su servicio a un ejército al que supo dirigir, mientras que sus hijos, de duques que eran, se convirtieron en simples particulares por no haber heredado el talento de su padre. No hay nada extraño en esto, porque ninguna cosa contribuye más a que un príncipe pierda su autoridad que el que no se atreva a ponerse al frente de sus tropas. Y del mismo modo, de nada debe cuidar más que de no envilecerse en el aprecio de sus súbditos. Como probaré más adelante.

Del mismo modo que no puede establecerse ninguna comparación entre los hombres armados y los desarmados,

63. «Para evitar la guerra, prepárala«, páginas 200-204.

sería absurdo esperar que los desarmados mandasen y los armados obedeciesen. **Un príncipe desarmado no puede tener tranquilidad ni descanso rodeado de súbditos armados, pues será despreciado siempre por ellos,**[64] y ellos serán siempre sospechosos para él. ¿Y cómo podrían ponerse de acuerdo para colaborar? En una palabra, **el príncipe que no conoce el arte de la guerra no puede granjearse el aprecio de las tropas ni fiarse de ellas.**[65]

Los príncipes, por ello, necesitan dedicarse por entero al arte de la guerra, que exige, además del esfuerzo mental, ejercitarse en las armas.[66] **En lo que se refiere a las armas, el príncipe debe esforzarse en que sus tropas estén bien disciplinadas y que se ejerciten con regularidad. La caza le servirá mejor que cualquier otra cosa para acostumbrase a la fatiga y al sufrimiento de las intemperies del clima. Este ejercicio también le enseñará a observar los lugares y las posiciones, a conocer la naturaleza de ríos y lagunas, a medir la extensión de las llanuras y de los montes, al mismo tiempo que adquirirá el conocimiento de la topografía del país que debe defender y se acostumbrará poco a poco a reconocer los lugares a los que la guerra podrá conducirlo después.**[67] Como los valles y llanuras de Toscana y los ríos y los pantanos son semejantes a los de otros países, el estudio de unos puede servir para conocer los demás.

64. «Acuerdos sin espadas solo palabras son», páginas 137-139.
65. «Conocer la guerra en tiempo de paz», páginas 197-200.
66. «Para evitar la guerra, prepárala», páginas 200-204.
67. «Conocer la guerra en tiempo de paz», páginas 197-200.

Este estudio es desde luego muy útil para los que mandan ejércitos, y **el general que desprecie este conocimiento nunca sabrá cómo encontrar al enemigo, ni guiar a sus tropas, ni acamparlas, ni dar una batalla a tiempo.**[68] Los historiadores griegos y romanos elogian con razón a Filopemen, príncipe de los aqueos, por su extrema aplicación al estudio del arte militar en tiempos de paz. En sus viajes a menudo se detenía con sus amigos y les preguntaba: «¿Cuál de los dos ejércitos tendría ventaja si uno estuviera situado sobre tal altura y el otro colocado en tal lugar?, ¿cómo aquel al que suponía estar al mando podía acercarse al contrario y presentar batalla, cómo debía comportarse para organizar la retirada o para dar caza al enemigo en caso de que huyera?». De manera semejante, les proponía todos los lances que se pueden dar en una guerra, escuchaba su dictamen con atención y por fin daba el suyo, justificándolo. De este modo, raras veces podía ser sorprendido por acontecimientos imprevistos.

En cuanto a la parte del arte militar que se aprende en el gabinete, el príncipe debe leer la historia y poner atención especial en las hazañas de los grandes capitanes, y examinar las causas de sus victorias y sus derrotas. Sobre todo, conviene imitar algún modelo de la antigüedad y seguir sus huellas.[69] Alejandro Magno se inmortalizó intentando emular a Aquiles; César imitando a Alejandro, y Escipión a Ciro. De tal modo que, si nos tomamos el trabajo

68. ***Ibid.***

69. «Un líder es un buen lector», páginas 38-40.

de comparar la vida de Escipión y la de Ciro escrita por Jenofonte, veremos que el romano fue generoso, afable, humano y contenido, como su modelo.

Estas son las tareas más dignas de un príncipe sabio en tiempo de paz, de tal modo que si la fortuna cambia pueda protegerse de sus golpes.

Capítulo XV

Por qué cosas los hombres, y los príncipes en particular, merecen ser elogiados o vituperados

Se trata ahora de examinar la conducta que debe seguir un príncipe con sus súbditos y con sus amistades, y aunque otros han hablado antes de este asunto, creo que no se atribuirá a presunción el que me atreva yo a presentarlo de una manera diferente. Como mi intención es escribir para quienes comprenden, hablaré de cómo son las cosas en la realidad y no como el vulgo se las imagina.

A veces la imaginación nos presenta repúblicas y gobiernos que nunca han existido, pero se da una distancia tan grande entre el modo en el que se vive y el modo en el que se debería vivir, que aquellos que presentan como real y verdadero lo que sin duda debería serlo (pero que por desgracia no lo es) corren hacia una ruina segura e inevitable.[70] Así que no temo decir que **quien quiera ser**

70. «Acepta tus propios fallos», páginas 152-153.

bueno con quienes no lo son tarde o temprano sin duda perecerá.[71] Por eso, el príncipe que desee serlo con seguridad debe aprender a no ser siempre bueno, sino a ser lo que las circunstancias exijan y el interés de su supervivencia.

Dejando a un lado, por lo tanto, las ideas falsas que algunos se hacen de los príncipes para detenerme en las que son verdaderas, afirmo que nunca se habla de hombre o sujeto determinado, y en especial de un príncipe, sin atribuirle algún mérito o demérito, alguna buena o mala cualidad. Este es liberal, el otro avaricioso; aquel otorga con franqueza, este es codicioso. En una palabra, es un hombre de honor o sin fe; es afeminado y pusilánime o valeroso y emprendedor; humano o cruel, afable o altanero; de vida ordenada o destemplado; bribón u hombre de bien; dócil o duro y áspero; grave o alocado, religioso o impío.

Sería una gran suerte encontrar un príncipe que reuniera todas las buenas cualidades que he señalado, pero como nuestra naturaleza no es capaz de tanta perfección, por lo menos **es necesario que el príncipe tenga bastante prudencia como para alejarse de aquellos vicios y defectos que pudieran causar su perdición.**[72] Debe librarse también, si le es posible, de los otros defectos menores que no comprometen su seguridad ni la posesión de sus Estados; pero si fuese superior a sus fuerzas el poder librarse de ellos, no debe preocuparse tanto, pero sí de no incurrir en las faltas graves que causarían su ruina. Tampoco le debe

71. «Hacer el bien no siempre compensa», páginas 76-77.

72. «Para evitar la guerra, prepárala», páginas 200-204.

preocupar que lo vituperen por los vicios que resultan útiles para la conservación de sus Estados, porque si se reflexiona bien sobre las cosas, la cualidad que parece buena y elogiable podría perderlo inevitablemente, y de aquella otra, que parece mala y viciosa, pueden depender su conveniencia y seguridad.

Capítulo XVI

De la liberalidad y la parsimonia

Si comenzamos por las primeras cualidades que he mencionado, confieso que es muy bueno ganarse la fama de príncipe liberal, pero que también es peligroso ejercer la liberalidad de tal manera que después no sea temido y respetado. Voy a explicarme. Si el príncipe se muestra liberal en el grado adecuado, quiero decir como medida y discernimiento, contentará a pocos y será tenido por avaricioso. Por otra parte, **un príncipe que desea que su liberalidad sea elogiada no repara en ninguna clase de gastos, y para mantener esa reputación, después suele verse obligado a cargar de impuestos a sus vasallos y a echar mano de todos los recursos fiscales, lo que sin duda le hará aborrecible.**[73] Además de que, al agotar el tesoro público con su prodigalidad, no solo pierde su crédito y se expone también a perder sus Estados al menor revés de la fortuna, sino que al fi-

73. **«Disparar con pólvora ajena», páginas 82-83.**

nal gana con su liberalidad más enemigos que amigos, como sucede siempre. Lo más singular es que tampoco podrá cambiar de conducta ni moderarse sin que al instante se le tache de avaricioso.

Puesto que un príncipe no puede ser liberal sino con tanto riesgo, es mejor que haga poco caso de que lo consideren avaricioso, en especial si mediante la economía logra que sus rentas le permitan cubrir sus gastos y que, sin necesidad de nuevas contribuciones, se halle en disposición de defender sus Estados e incluso de intentar empresas útiles.

Puede contar en tal caso con que le tendrán por bastante liberal todos aquellos de los que no quiera tomar nada, que serán los más y los mejores; y que serán muy pocos los que le acusen de avaricioso porque no les dé todo lo que piden. Es significativo que en nuestros tiempos solo hayamos visto hacer grandes cosas a quienes han tenido fama de avariciosos, y que se han arruinado todos los demás. Julio II consiguió el pontificado por sus liberalidades, pero luego pensó con acierto que para sostener la guerra contra el rey de Francia la reputación de liberal le serviría de poco, y así se preocupó de que sus ahorros le permitieran soportar la guerra sin exigir nuevas contribuciones. El rey que ocupa hoy en día el trono de España nunca habría llevado a cabo sus empresas si hubiera prestado atención a lo que pudieran decir de sus gastos.

Por lo tanto, un príncipe, para no acabar siendo pobre, para poder defender sus Estados en caso de invasión y no recargar a sus súbditos con nuevos impuestos, **no debe inquietarse porque se le tenga por avaricioso, puesto que,**

en este erróneamente llamado vicio, se sostienen la estabilidad y la prosperidad de su gobierno.[74] Acaso se me dirá que César consiguió el imperio por sus liberalidades y que otros muchos se han elevado por ejercer la misma cualidad. A eso respondo que es muy diferente el Estado de un príncipe que el de un hombre que aspira a serlo. Si César hubiera vivido más tiempo, o bien habría perdido la reputación de liberal que le abrió el camino al imperio, o bien se hubiera perdido a sí mismo por querer conservarla.

Se habla, sin embargo, de algunos príncipes que han hecho hazañas con sus ejércitos y que se distinguían por su liberalidad, pero esto se debía a que sus dádivas no eran onerosas para el tesoro público. De esta clase fueron Ciro, Alejandro y el propio César. El príncipe debe usar con moderación sus bienes y los de sus súbditos, pero debe ser pródigo con los que arrebate al enemigo, si quiere ser amado por sus tropas. No hay virtud que tanto se gaste por sí misma, si podemos decirlo así, como la generosidad. **El demasiado liberal no lo será largo tiempo: se quedará pobre y será despreciado,**[75] a no ser que sacrifique a sus súbditos con continuos tributos y exigencias, y entonces se hará odioso. Nada debe temer más un príncipe que ser aborrecido y despreciado, y la liberalidad conduce a estos dos inconvenientes. Si hubiera que elegir entre los dos extremos, siempre sería más conveniente ser poco liberal que serlo en exceso, puesto que lo primero, aunque sea poco glorioso, al

74. «Más vale pasar por avaricioso que por inútil», páginas 84-85.

75. «El poder del dinero», páginas 81-82.

menos no conduce, como lo segundo, al aborrecimiento y el menosprecio.

Capítulo XVII

De la crueldad y la clemencia y de si es mejor ser amado que temido

Examinaré ahora las otras cualidades que se requieren en los que gobiernan. **No cabe duda de que un príncipe debe ser clemente, pero en su momento y con prudencia.**[76] César Borgia fue considerado cruel, pero fue gracias a su crueldad como logró unir la Romaña a sus Estados y restablecer en esta provincia la paz de la que se había visto privada durante mucho tiempo. Si se considera bien, hay que admitir que este príncipe fue más clemente que el pueblo de Florencia, que, por evitar ser llamado cruel, dejó que se destruyera Pistoia. **No debe tenerse en cuenta la nota de crueldad cuando de lo que se trata es de contener al pueblo en los límites de sus deberes, porque al final se descubre que habría sido uno más humano aplicando un pequeño número de castigos indispensables que aquellos que por querer ser indulgentes provocan el desorden, que después se convierte en rapiña y muerte. Porque los tumultos o bien comprometen la seguridad del Estado o bien lo destruyen, mientras que los castigos que**

76. «Premia los esfuerzos, castiga las malas acciones», pp. 184-186.

un príncipe impone a los delincuentes solo recaen sobre esos mismos particulares.[77]

Un príncipe nuevo pocas veces puede evitar ser considerado cruel, porque toda dominación nueva está llena de peligros. Así, Dido, en Virgilio, se disculpa de la severidad que empleó, por la dificultad a la que la había reducido el interés por mantenerse en un trono que no había heredado de sus abuelos:

> *Res dura et regni novitas me talia cogunt moliri, et late fines custode tueri.*[78]

Tampoco conviene que el príncipe tenga miedo de su propia sombra, ni que escuche con demasiada atención las historias siniestras que le cuenten; más bien debe ser circunspecto, tanto para creer como para actuar, sin olvidar los consejos de la prudencia, pues existe un terreno intermedio entre la confianza ciega y la desconfianza infundada. Algunos políticos discuten acerca de si es mejor que el príncipe sea más amado que temido: yo pienso que necesita de lo uno y de lo otro. Pero como no es fácil hacer que los mismos hombres sientan en el mismo grado estas dos pasiones, si hay que escoger entre una y otra, yo me inclinaría claramente por el temor. Hay que admitir que por lo general

77. *Ibid.*

78. «Las duras circunstancias, lo reciente del reino, me obligan al rigor de estas medidas y a defender con guardias mis dilatados lindes» (Virgilio, *Eneida*).

los hombres son ingratos, falsos, inconstantes, tímidos e interesados. Mientras se les hace el bien se puede contar con ellos: nos ofrecerán lo que tienen, sus propios hijos, su sangre y hasta su vida, pero todo eso dura mientras el peligro está lejos, porque cuando está cerca, aquella voluntad e ilusión que se tenía desaparece.[79] El príncipe que acumulara palabras tan lisonjeras y no se preparara para cualquier evento que pudiera sobrevenir, estaría en peligro de arruinarse, porque **los amigos que se adquieren a cambio de dinero, y no en virtud de los méritos del espíritu, rara vez se conservan durante los contratiempos de la fortuna, y no hay caso más frecuente que el de verse abandonado por ellos cuando más los necesita.**[80] **Por lo general, los hombres se encuentran más dispuestos a contentar al que temen que al que se hace amar,**[81] puesto que al ser **esta amistad una unión puramente moral, o una obligación nacida a causa de un beneficio recibido, no puede sobrevivir frente a los cálculos interesados. Por el contrario, el temor nos hace pensar en alejarnos de una pena o castigo, por lo que la impresión que recibe el ánimo es más profunda.**[82] **Sin embargo, el príncipe no debe hacerse tan temido que deje de parecer amable y provoque el aborrecimiento, pero es difícil encontrar un**

79. «Los poderosos no tienen amigos verdaderos», páginas 21-23.
80. *Ibid.*
81. «Es mejor confiar en temor que en el amor», páginas 57-59.
82. *Ibid.*

buen término medio y mantenerse en él.[83] **Para no ser aborrecido le basta con respetar las propiedades de sus súbditos y el honor de sus mujeres**[84]. Cuando se encuentre en la necesidad de aplicar la pena de muerte, debe manifestar los motivos que tiene y, sobre todo, no debe tocar los bienes de los condenados, porque es necesario admitir que **antes olvidan los hombres la muerte de sus parientes que la pérdida de su patrimonio.**[85] Por otra parte, **el príncipe encuentra muchas razones para hacerse con los bienes ajenos si se propone vivir de la rapiña,**[86] mientras que son mucho más raras las razones para derramar la sangre de sus súbditos, y se acaban enseguida.

Pero **si se encuentra el príncipe al frente de su ejército y tiene bajo su mando a un gran número de soldados, no debe preocuparse de que estos lo consideren cruel, porque le será útil esta reputación para que su tropa se mantenga obediente y para evitar que surjan facciones.**[87]

Entre otros méritos admirables, Aníbal tenía el de ser temido por sus soldados hasta tal punto que después de conducir a un país extranjero un ejército numerosísimo, compuesto de todo tipo de gentes, no tuvo que castigar el menor desorden, ni la falta más ligera contra la disciplina, tanto cuando la suerte le fue favorable como cuando le fue

83. «Confía, pero comprueba», páginas 153-154.

84. «Nunca abusar del poder», páginas 85-86.

85. *Ibid.*

86. «Las malas costumbres son difíciles de cambiar», páginas 86-87.

87. «La oportunidad del castigo», páginas 186-187.

adversa, lo que solo puede atribuirse a su extrema severidad y a los demás méritos que le hacían ser respetado y temido como soldado, sin los cuales ni su ingenio ni su valor le hubieran resultado útiles.

Existen algunos escritores que, en mi opinión, son tan poco juiciosos que, pese a que hacen un merecido elogio de las empresas de Aníbal, o aprueban la anterior conclusión, pero nada la justifica más que el ejemplo de **Escipión, uno de los mayores capitanes de toda la historia de Roma. Su excesiva indulgencia con las tropas que mandaba en España solo produjo desórdenes y al final una rebelión general, por lo que Fabio Máximo le reprochó ante todo el Senado que había estragado al ejército romano.**[88] Al dejar sin castigo el general Escipión la bárbara conducta de uno de sus tenientes con los locrenses, un senador observó, para justificarle, que había hombres con quienes resulta mucho más fácil no cometer errores que castigarlos. Un exceso de indulgencia semejante con el tiempo habría deslucido la gloria y la reputación de Escipión si hubiera continuado mandando, siguiendo las mismas disposiciones, pero, en vez de perjudicarle, todo redundó en mayor gloria para él, porque vivía bajo el gobierno del Senado.

Concluyo, en consecuencia, volviendo a mi pregunta de si es mejor ser amado que temido, que, puesto que **los hombres aman por voluntad o por capricho, pero temen, por el contrario, según el deseo de quien los gobierna,**[89] un

88. «La mejor disciplina es la que nace del convencimiento», pp. 207-8.

89. «La obediencia y el "efecto Lucifer"», páginas 23-24.

príncipe prudente solo debe contar con lo que dispone, y, como he indicado, debe cuidar sobre todo de hacerse temer sin llegar a ser aborrecido.

Capítulo XVIII

Si los príncipes deben ser fieles a sus tratados

Es cierto que es muy elogiable en un príncipe la confianza y la fidelidad en el cumplimiento de sus promesas, y que no recurra a artificios y sutilezas para eludirlas, pero **la experiencia del tiempo presente nos demuestra que, entre los que más se han distinguido por sus hazañas y éxitos, muy pocos han hecho caso de la buena fe o se han privado de engañar a otros cuando les resultaba ventajoso y podían hacerlo con impunidad.**[90]

Conviene saber que hay dos modos de combatir: con las leyes o con la fuerza. El primero es propio y peculiar de los hombres, y el segundo de las bestias. **Cuando las leyes no bastan, es preciso recurrir a la fuerza,**[91] por lo que un príncipe debe saber emplear estas dos clases de armas, como nos lo dieron a entender con sutileza los poetas al contarnos la historia de la educación de Aquiles y de otros príncipes de la antigüedad, fabulando que le fue encomendada al centauro Quirón, quien, bajo su figura de hombre y

90. «Respetar la palabra dada», páginas 98-99.

91. «Las leyes, la fuerza y el *lawfare*», páginas 142-143.

de bestia, enseña a quienes gobiernan que deben emplear, según convenga, el arma de cada una de estas dos clases de animales, porque duraría poco la utilidad de la una sin el concurso de la otra.

De las cualidades de los animales, el príncipe debe imitar las que distinguen de los demás al león y a la zorra y emplear ambas. La zorra tiene poca fuerza para defenderse del lobo y el león cae con facilidad en las trampas que se le ponen, por lo que **el príncipe debe aprender del zorro a ser astuto para conocer las trampas, y del león a ser fuerte para espantar al lobo. Quienes solamente toman como modelo al león y desprecian el imitar las cualidades del zorro comprenden muy mal su oficio.**[92] En una palabra, el príncipe prudente que quiera evitar su ruina no puede ni debe empeñarse en el cumplimiento de sus promesas, excepto cuando no le supongan un perjuicio y solo mientras sigan vigentes las circunstancias que se daban cuando se comprometió.

Ya me guardaría yo de dar tal consejo a los príncipes si todos los hombres fueran buenos, pero como son malos y están siempre dispuestos a romper sus promesas, el príncipe no debe ser exacto y celoso en el cumplimiento de las suyas. Y siempre encontrará con facilidad una manera de disculpar su incumplimiento.[93] Podría dar diez pruebas contra una para demostrar que de cuantos acuerdos y tratados se han roto por la mala fe de los

92. «Cómo ser al mismo tiempo león y zorro», página 147.

93. «La maldad de los hombres excusa la de los príncipes», pp. 20-21.

príncipes, siempre ha salido mejor librado el que ha sabido cubrirse mejor con la piel de la zorra. **Todo el arte consiste en representar el papel con propiedad, y en saber disimular y fingir, porque los hombres son tan débiles e incautos que cuando uno se propone engañar a los demás, nunca dejará de encontrar tontos que le crean.**[94]

Mencionaré tan solo un ejemplo tomado de la historia de nuestro tiempo. El papa Alejandro VI disfrutó toda su vida engañando, y aunque su mala fe era conocida y había sido probada, sus artimañas siempre le salían bien. Jamás se preocupó por prometer o asegurar sus palabras con juramentos y las más solemnes promesas, pero tampoco jamás se ha conocido a otro príncipe que se sometiera menos que él a tales vínculos, porque conocía a los hombres y se burlaba de ellos.

Para dominar el arte de reinar, no se necesita, en consecuencia, poseer todas las buenas cualidades que he mencionado, sino que basta con aparentarlas; e incluso me atreveré afirmar que podría ser peligroso para un príncipe el poseerlas, aunque siempre le será útil presumir de que las posee. **Debe intentar que le tengan por piadoso, clemente, bueno, fiel en sus tratos y amante de la justicia. También debe hacerse digno de esta reputación mediante la práctica de las virtudes necesarias, pero al mismo tiempo debe ser lo bastante dueño de sí mismo como para actuar de manera opuesta, siempre que le resulte**

94. «Cada minuto nace un tonto crédulo», páginas 175-177.

conveniente.[95] Doy por supuesto que un príncipe, y en especial cuando es nuevo, no puede practicar al mismo tiempo todas las virtudes, porque **muchas veces las leyes de su conservación le obligan a violar las leyes de la humanidad, de la caridad y de la religión, por lo que debe ser flexible para acomodarse a las circunstancias en las que se encuentre. En una palabra, le resulta tan útil perseverar en el bien cuando no le resulta inconveniente, como saber desviarse de él cuando lo exija el interés**[96]. Sobre todo, debe hacer un cálculo preciso para no decir ninguna palabra que respire bondad, justicia, buena fe y piedad religiosa y debe emplear en la ostentación de esta última cualidad un cuidado especial, porque por lo general los hombres juzgan por lo que ven, y se dejan llevar más por lo que les entra por los ojos que por los otros sentidos. Todos pueden ver y muy pocos saben corregir los errores que les entran por la vista. **Se percibe al instante lo que un hombre parece ser, pero no lo que realmente es,**[97] y el pequeño número que juzga con discernimiento no se atreve a contradecir a la multitud crédula, que tiene a su favor el esplendor y la majestad del gobierno que la protege.

Cuando de lo que se trata es de juzgar el interior de los hombres, y en especial el de los príncipes, puesto que no se puede recurrir a un tribunal, es preciso atenerse a los

95. **«Cambiar según las circunstancias», páginas 211-213.**

96. ***Ibid.***

97. **«Somos lo que representamos», página 174.**

resultados,[98] **y si lo que importa es superar todas las dificultades para mantener su autoridad, los medios, sean los que sean, parecerán siempre honrosos y no faltará quien los elogie. Este mundo se compone del vulgo, que se deja llevar por las apariencias y solo atiende al éxito, y de unos pocos que poseen un ingenio perspicaz pero que no revelan lo que perciben, excepto cuando los demás que carecen de ese ingenio no saben a qué atenerse**[99].

Hoy en día reina un príncipe, al que no me conviene mencionar,[100] de cuya boca solo salen promesas de paz y de buena fe, pero si sus actos se hubiesen correspondido con sus palabras, más de una vez habría perdido su reputación y sus Estados.

Capítulo XIX

Que el príncipe debe evitar que se le aborrezca y menosprecie

He tratado con detalle de las cualidades que deben adornar a un príncipe, y ahora, para ser breve, incluiré todas las demás bajo un concepto general, afirmando que **el príncipe debe protegerse con cuidado de todo aquello que pudiera hacer que lo aborrezcan o lo menosprecien.**[101] Aunque

98. «Cada minuto nace un tonto crédulo», páginas 175-177.

99. «En la victoria se perdona (casi) todo», páginas 99-100.

100. Fernando V de Aragón y Castilla.

101. «Evitar el menosprecio y ganarse el respeto», página 72.

tenga cualquier otro defecto, no por ello arriesgará su autoridad ni dejará de haber cumplido con su deber.

En mi opinión, **nada hace tan odioso a un príncipe como que viole el derecho de propiedad y que tenga poco miramiento con el honor de las mujeres de sus súbditos, que estarán, de no ser por esto, siempre contentos con él,**[102] por lo que el príncipe solo tendrá el inconveniente de las pretensiones de un pequeño número de ambiciosos, que se remedian con facilidad.

Un príncipe es menospreciado cuando gana fama de inconstante, de ligero, pusilánime, carente de resolución y afeminado,[103] defectos de los que debe alejarse como de otros tantos escollos, y **siempre esforzarse en mostrar grandeza de ánimo, seriedad, valor y energía en todas sus palabras y actos.**[104] Sus juicios en los asuntos de particulares deben ser definitivos e irrevocables, para que nadie pueda alardear de poder hacerle cambiar de opinión o engañarlo. De este modo se granjeará la estimación y el aprecio de sus súbditos y evitará los golpes que se puedan dar contra su autoridad. También **temerá menos al enemigo exterior, que no acudirá por su propia voluntad a atacar a un príncipe al que sus vasallos respetan.**[105] A los primeros los rechazará con buenos aliados y buenas tropas, y en cuanto a los otros, **¿quién ignora que siempre hay buenos amigos**

102. «Evitar las ofensas innecesarias», página 87.

103. «La primera impresión es la que cuenta», páginas 173-174.

104. *Ibid.*

105. «Coge buena fama y échate a dormir», páginas 75-76.

si se tienen buenos soldados?[106] Por otra parte, es sabido que la paz interior solo puede ser turbada mediante conspiraciones, que solo son peligrosas cuando las fomentan y sostienen extranjeros, y estos no se atreven a excitarlas, cuando el príncipe sabe ajustarse a las reglas que he indicado, y sigue el ejemplo de Nabis, rey de Esparta.

Por lo que se refiere a los súbditos, si el príncipe no tiene preocupaciones exteriores, solo tendrá que temer las conjuras secretas, que deshará con facilidad y que incluso prevendrá, **evitando todo lo que le pueda hacer odioso o despreciable**,[107] como ya he dicho. Además, que pocas veces o nunca se conspira si no es contra aquellos príncipes cuya ruina y muerte resultan agradables al pueblo. Sin lo cual se expondría cualquiera a todos los peligros que acarrean semejantes proyectos.

La historia está llena de conspiraciones, pero ¿de cuántas se sabe que hayan tenido un final feliz? Nunca conspira uno solo, y los que se asocian en los peligros de la empresa muchas veces son descontentos a los que les mueve la esperanza de una buena recompensa por parte de aquel de quien se quejan, y así denuncian a los conjurados y hacen que fracasen sus designios. Aquellos a los que necesariamente hay que sumar a la conspiración se encuentran dudosos entre la tentación de una ganancia considerable y el miedo ante un gran peligro, de tal modo que para encontrar a uno que sea digno de confiarle el secreto, es necesa-

106. «El atractivo de tener cañones», página 137.

107. «Evita el odio de las masas», página 64.

rio buscarlos entre los amigos más íntimos de los conjurados, o entre los enemigos irreconciliables del príncipe.

Para reducir la cuestión a términos más sencillos: por parte de los conjurados no hay otra cosa que miedo, recelos y sospechas, mientras que el príncipe tiene a su favor la fuerza, el esplendor y la majestad del gobierno, las leyes, el empleo de sus amigos particulares, sin contar con el afecto que el pueblo siente de manera natural hacia quienes lo gobiernan, de tal modo que los conjurados, antes y después de ejecutar sus designios, tienen mucho que temer, pues si el pueblo está contra ellos no les quedará ningún recurso. Para probar lo que he dicho, podría presentar cien ejemplos diferentes, reunidos por los historiadores, pero me contentaré con solo uno, del que he sido testigo en la generación anterior.

Anibal Bentivoglio, príncipe de Bolonia y abuelo del actual Anibal, murió a manos de los Canneschi a resultas de una conspiración, de tal manera que de esta familia solo quedó Giovanni Bentivoglio, que aún estaba en mantillas. El pueblo se sublevó contra los conspiradores y degolló a toda la familia de los asesinos y para mostrar su afecto a los Bentivoglio, al no haber ninguno que pudiera ocupar el lugar de Aníbal, solicitaron al gobierno de Florencia un hijo natural del príncipe cuya muerte acababan de vengar, que vivía en aquella ciudad como ayudante de un herrero que pasaba por ser su padre, y le confiaron la dirección de los asuntos hasta que Giovanni Bentivoglio tuvo edad para gobernar.

Por lo tanto, **poco tiene que temer el príncipe de las**

conjuraciones si su pueblo le quiere, pero no le queda ningún recurso si carece de este apoyo.[108] Por lo que **una de las máximas más importantes para todo príncipe prudente y entendido es tener contento al pueblo y satisfacer a los grandes sin irritarlos con exigencias excesivas.**[109]

Francia ocupa un lugar distinguido entre los Estados bien gobernados. La institución de los parlamentos, cuya función es atender a la seguridad del gobierno y la conservación de los fueros de los particulares, es muy sabia. Sus autores, que conocían, por un lado, la ambición de la nobleza y, por otro, los excesos que el pueblo podría cometer contra ella, intentaron encontrar un medio apropiado para contener a unos y a otros sin la participación del rey, al que no le convenía tomar partido por el pueblo sin molestar a los grandes ni favorecer a estos sin granjearse el aborrecimiento del pueblo. Para conseguirlo, instituyeron una autoridad especial que, sin la intervención del rey, pudiera frenar el orgullo de los nobles y, al mismo tiempo, proteger a las clases inferiores del Estado: una solución ciertamente muy adecuada para proporcionar firmeza al gobierno y mantener la tranquilidad pública. Los príncipes deberían aplicarse esta lección, para reservarse el distribuir las recompensas y los empleos, dejando a los magistrados la tarea de decretar los castigos y, en general, todo lo relativo a los asuntos que puedan provocar descontento.

108. «Hazlo, pero que yo no me entere», páginas 65-66.

109. *Ibid.*

Un príncipe, insisto, debe manifestar su aprecio a los grandes, pero cuidando, al mismo tiempo, de no granjearse el aborrecimiento del pueblo.[110] Quizá se argumentará lo contrario, poniendo el ejemplo de tantos emperadores romanos que perdieron el imperio e incluso la vida a pesar de haberse comportado con gran sabiduría y haber mostrado valor y habilidad. Por ello me parece conveniente examinar el carácter de algunos de ellos, como Marco Aurelio el filósofo, su hijo Cómodo, Pertinax, Juliano, Severo, Antonino, su hijo Caracalla, Macrino, Heliogábalo, Alejandro y Maximino, para responder a esa objeción. Este examen me llevará de manera natural a explicar las causas de su caída y a comprobar lo que ya he dicho en este capítulo acerca de la conducta que deben observar los príncipes.

Es necesario tener presente que los emperadores romanos no solo tenían que contener la ambición de los grandes y la insolencia del pueblo, sino también combatir la avaricia y crueldad de los soldados. Muchos de estos príncipes murieron por haber chocado con este último escollo, tanto más difícil de evitar porque es imposible satisfacer la codicia de las tropas sin causar el descontento en el pueblo, que suspira por la paz, mientras que las tropas desean la guerra, de tal modo que unos quisieran a un príncipe pacífico y los otros a uno belicoso, atrevido y cruel, no por supuesto en relación con la milicia, sino con el pueblo en general, para así obtener paga doble y poder saciar sus an-

110. ***Ibid.***

sias y su ferocidad. De este modo, los emperadores romanos a los que la naturaleza no dio un carácter odioso o no supieron adoptarlo, casi todos perecieron de manera miserable por la imposibilidad en la que se hallaban de mantener a raya al pueblo y a las legiones. Por lo que la mayor parte de ellos, y en especial aquellos cuya fortuna era nueva, desesperados al no poder conciliar intereses tan opuestos, tomaban el partido de inclinarse hacia las tropas, sin prestar apenas atención a que el pueblo estuviera descontento, decisión más segura, porque en **la alternativa de excitar el odio del mayor o el menor número, conviene ganarse el favor del más fuerte**.[111] Es por eso por lo que aquellos césares que alcanzaron la más alta dignidad por sí mismos, y que para mantenerse en ella necesitaban de mucha ayuda y un esfuerzo extraordinario, se unieron antes a las tropas que al pueblo, y cuando cayeron fue debido a que no supieron conservar el afecto de los soldados. Marco Aurelio el filósofo, Pertinax y Alejandro, príncipes recomendables por su clemencia, su amor a la justicia y la sencillez de sus costumbres, perecieron, excepto el primero, que murió entre honores porque, al haber adquirido el imperio por herencia, no se lo debía ni a las tropas ni al pueblo, y unido esto a los demás excelentes méritos que poseía, pudo hacerse querer y encontró con facilidad los medios para contener a todos en los límites de su obligación. Pero Pertinax, aunque fue nombrado por el emperador en contra de sus deseos, tras intentar sujetar a las legiones a una dis-

111. «Evita el odio del más fuerte», páginas 62-64.

ciplina severa y muy diferente de la que seguían en tiempos de Cómodo, su antecesor, pereció pocos meses después de su proclamación, víctima del aborrecimiento de los soldados y quizá también por el desprecio que inspiraba su elevada edad. **Resulta llamativo que se incurra en el odio de los hombres tanto por proceder bien como por proceder mal**,[112] de tal modo que **el príncipe que quiere mantenerse se ve obligado en muchas ocasiones a ser malo**,[113] como ya se ha dicho. Porque cuando el partido al que necesita contentar y tener de su parte está corrompido, ya sea el pueblo, ya los grandes o la milicia, es indispensable contentarlo a toda costa y, por supuesto, renuncia a obrar bien.

Pero regresemos a Alejandro Severo, cuya clemencia han elogiado mucho los historiadores y que, sin embargo, fue menospreciado por su molicie y porque se dejó gobernar por su madre. El ejército conspiró contra este príncipe, tan bueno y clemente, que en el curso de catorce años de reinado no condenó a nadie a muerte sin juzgarlo, y aun así él pereció a manos de sus soldados. Por otra parte, Cómodo, Septimio, Severo, Caracalla y Maximino, que se entregaron a toda clase de excesos para satisfacer la avaricia y la crueldad de las tropas, no corrieron mejor suerte, si exceptuamos a Severo, que reinó de manera pacífica. Pero este príncipe, aunque oprimió al pueblo para ganarse la benevolencia de la milicia, poseía muchos méritos excelentes

112. «Hagas lo que hagas, te odiarán», página 62.

113. «El "efecto CNN"», páginas 177-179.

que le aseguraban la admiración de unos y otros. Pero como de simple particular alcanzó el imperio (y por esta razón puede servir de modelo a quienes se encuentren en circunstancias semejantes), me parece adecuado explicar en pocas palabras cómo supo adoptar alternativamente la figura del león y la de la zorra, animales de cuyas cualidades ya he hablado.

Severo, que conocía la cobardía del emperador Juliano, persuadió al ejército que mandaba en Iliria de que era preciso ir a Roma para vengar la muerte de Pertinax, que había sido degollado por la guardia pretoriana. Con esta excusa y sin que nadie sospechara que aspirase al imperio, llegó a Italia antes de que nadie supiera que se había puesto en camino. De este modo entró en Roma y asustó al Senado, que lo nombró emperador. Aunque hizo morir a Juliano, todavía le quedaban dos grandes obstáculos para convertirse en dueño de todo el imperio. Pescenio Níger y Albino mandaban el uno el Asia y el otro el Occidente y los dos competidores suyos, y Pescenio acababa de ser proclamado emperador por sus legiones. Al darse cuenta Severo de que sería muy arriesgado atacar al mismo tiempo a los dos, decidió enfrentarse a Níger y engañar a Albino, al ofrecerle compartir con él la soberanía, propuesta que este aceptó inmediatamente. Pero en cuanto Severo venció y mató a Níger, después de pacificar el Oriente y regresar a Roma, se quejó con amargura de la ingratitud de Albino y le acusó de que había intentado matarlo, y aseguró que «se veía obligado a cruzar los Alpes para castigarlo por el daño con el que había respondido a su gratitud». Severo fue a Francia[114] y Albino perdió al mismo tiempo la vida y el imperio.

Si se examina con atención la conducta de este emperador, se observará que es muy difícil reunir en tan alto grado la fuerza del león y la astucia de la zorra. Supo hacerse temer y respetar por el pueblo y, al mismo tiempo, por las tropas, por lo que a nadie extraña ver cómo un príncipe nuevo como él conservó la posesión de tan vastos dominios, al considerar el afecto y la admiración que se le profesaba, lo que hizo desvanecerse el odio que deberían haber despertado sus rapiñas.

Su hijo Antonino[115] Caracalla también poseía muchas cualidades excelentes que le hacían ser querido por las legiones y respetado por el pueblo: era un buen soldado, constante enemigo de los manjares y la buena vida, y por todo ello admirado en el ejército, pero llegó a tal punto su ferocidad, que al final el pueblo, el ejército e incluso su propia familia concibieron un odio insoportable contra él. Enseguida murió a manos de un centurión, una pequeña venganza para toda la sangre que había derramado en Roma y Alejandría, donde todos sus habitantes sufrieron los efectos de su crueldad.

Se debe observar que los príncipes están expuestos a atentados semejantes, pues su vida se halla pendiente del valor de cualquiera que no tema morir, pero como estos casos no son frecuentes no deben preocuparnos. Sin embar-

114. Las Galias, en aquella época.

115. Más conocido como Caracalla.

go, **el príncipe debe cuidar no ofender de manera grave a los que están cerca de él,**[116] pues ese es el error que cometió Antonino, al mantener entre sus guardias a un centurión al que, después de haber matado a un hermano suyo, amenazaba a menudo, lo que le costó la vida.

A Cómodo le habría bastado para mantenerse en la posesión del imperio con seguir las huellas de su padre, del que lo había heredado, pero como era cruel, brutal y codicioso, muy pronto la disciplina que antes reinaba en el ejército se convirtió en la licencia más desenfrenada. Además, se ganó el desprecio de las tropas por la poca atención que prestaba a su dignidad, llegando al extremo de luchar en persona contra los gladiadores en el anfiteatro. Por ello, no tardó en ser víctima de una conspiración, provocada por el odio y el desprecio que había provocado con sus bajezas, su avaricia y su ferocidad. Me falta hablar de Maximino.

Después de que las legiones se deshicieron de Alejandro por su excesivo afeminamiento, en su lugar pusieron a Maximino, varón muy belicoso, pero que tampoco tardó mucho en hacerse aborrecible y perder el imperio y la vida. Se hizo odioso y despreciable por dos motivos; el primero, lo bajo de su nacimiento, porque todo el mundo sabía que había sido porquerizo en Tracia; el segundo, el escaso interés que puso en viajar a Roma para tomar posesión del imperio, ganando entretanto la fama de hombre muy cruel, así como por los castigos que sus prefectos aplicaron en la capital y las provincias siguiendo sus órdenes, de tal manera

116. «Respetarse a sí mismo y respetar a los demás», páginas 77-78.

que, por una parte, llegó a hacerse enseguida vil y despreciable y por otra, tan universalmente aborrecible que en primer lugar África, después el Senado y el pueblo de Roma y luego toda Italia se alzaron contra él. Su propio ejército ayudó a unos y a otros, cansado de sus crueldades y del asedio interminable de Aquileya, y le quitó la vida, sin temer que nadie quisiera vengarlo.

No me referiré a Heliogábalo, Macrino ni Juliano, que murieron más o menos pronto, cubiertos de oprobio, pero sí diré como conclusión que los príncipes de nuestra época no necesitan tener tanto cuidado con sus tropas, porque no sucede como en Roma, que forman un cuerpo independiente ni disfrutan de un poder absoluto en el Estado. Las legiones romanas, al permanecer largo tiempo en las provincias, identificaban sus intereses con los del jefe inmediato que las mandaba, y a veces contra el gobernante, convirtiéndose en árbitros de su suerte, por lo que era indispensable tenerlas contentas y cuidarlas. Ahora es suficiente con tratarlas con aprecio de modo normal, y preocuparse más de ganar el afecto del pueblo, que, en los Estados modernos, exceptuando tan solo los de Turquía y Egipto, es más fuerte y poderoso que los soldados. Exceptúo al Turco, porque necesita mantener alerta un ejército de doce mil hombres de infantería y quince mil de caballería, de los que depende la seguridad de su imperio. Y como este soberano no se preocupa en nada del pueblo, necesita que esa guardia se mantenga adicta a su persona. Lo mismo sucede con el sultán de Egipto; sus tropas tienen, por así decir, el poder en sus manos y, en consecuencia, deben ser tratadas con mucho más miramiento que el pueblo, del que no hay nada que temer. Este último gobierno no se parece a ninguno, si se exceptúa el pontificado cristiano, porque no puede llamarse principado hereditario ni principado nuevo, ya que, si muere el sultán, el reino no recae en sus hijos, sino en aquel que es elegido por las personas autorizadas para designar al sucesor. Y al mismo tiempo, esta institución es muy antigua para que podamos considerar como nuevo semejante gobierno. De este modo, en Egipto, el príncipe elegido experimenta tan poco trabajo para hacerse respetar por sus súbditos como en Roma el nuevo Papa por los suyos.

Vuelvo ahora a mi asunto y añado que quien reflexione acerca de lo que he expuesto verá que el aborrecimiento o el menosprecio fueron causa de la ruina de los emperadores que he mencionado, y conocerá también la razón por la que, aunque unos obraron de un modo y otros de manera opuesta, solo uno consiguió acabar bien, mientras que todos los demás, por uno u otro camino, tuvieron un fin desgraciado. Se advertirá también cómo a Pertinax y a Alejandro les resultó no solo inútil sino muy perjudicial imitar a Marco Aurelio, a pesar de que los dos primeros eran príncipes nuevos, y el último lo adquirió por derecho de sucesión. La intención de imitar a Severo por parte de Caracalla, Cómodo y Maximino también resultó funesto porque no tenían la fuerza de ánimo necesaria para seguirle en todos sus pasos.

Se infiere, por lo tanto, que un príncipe nuevo en un principado nuevo se arriesga si imita la conducta de Marco Aurelio y tampoco es indispensable que siga la de Severo, sino que debe imitar de este las reglas que precise para establecer bien su posición, y de Marco lo que fuera adecuado para mantenerse en la posesión de otro ya fundado y establecido.

Capítulo XX

Si las fortalezas y otros medios que parecen útiles a los príncipes lo son en realidad

Hay príncipes que para mantenerse en sus Estados desarman a sus vasallos; otros fomentan las discordias en las provincias sujetas a su dominio; los ha habido que se buscaron enemigos a propósito; algunos se esfuerzan por ganarse la amistad de aquellos a los que al principio de su reinado consideraron sospechosos: este ordena construir fortalezas y aquel otro, derribarlas.[117] No es fácil dictaminar lo que hay de malo y de bueno en todo esto, sin examinar antes los diferentes tipos de Estados y circunstancias en los que han de aplicarse las reglas que se proponen, así que me limitaré a hablar de una manera general y tal como lo requiere la materia.

Nunca conviene que el príncipe nuevo desarme a sus súbditos; al contrario, debe armarlos si los encontró desarmados. Todas las armas que distribuya entonces se emplearán en su favor; las personas que antes le parecían sos-

117. «Si conviene o no desarmar al pueblo», páginas 53-54.

pechosas se unirán a su partido y las fieles y leales lo serán más.

Es imposible, por supuesto, armar a todos los hombres, pero el hombre que sabe ganarse a aquellos a los que da armas no tiene nada que temer de los que necesariamente queden inermes, porque los primeros le cobran afecto por haber sido elegidos y los demás lo excusan con facilidad, **al suponer más mérito a aquellos que se exponen a mayores peligros.**[118] Por el contrario, un príncipe que desarma a sus súbditos los ofende al inclinarles a creer que desconfía de ellos, y no existe cosa más eficaz para avivar el aborrecimiento del pueblo. Además, esta decisión obligará al príncipe a recurrir a la milicia mercenaria, de cuyos peligros ya he hablado extensamente, e incluso aunque este recurso no acarreará tantos inconvenientes, siempre sería insuficiente, con vasallos sospechosos, contra un enemigo poderoso.

Todos los días vemos a los hombres que se elevan por sí mismos a la soberanía que arman a sus nuevos súbditos, pero si se trata de unir un Estado nuevo a otro antiguo o hereditario, entonces conviene que el príncipe desarme a sus nuevos vasallos, excepto a aquellos que antes de la conquista se hubiesen declarado sus partidarios, aunque debe procurar ir debilitándolos, para que toda la fuerza militar se concentre en el Estado antiguo.

Nuestros antepasados, en especial los que han merecido la fama de sabios, decían que para contener a Pistoia se debía recurrir a las disputas domésticas y para contener a

118. «Los privilegios deben corresponderse a los méritos», pp. 188-9.

Pisa a las fortalezas. Casi nunca se olvidaban de fomentar la división en las ciudades en las que los habitantes resultaban sospechosos. Era una excelente política (pero que no se puede adoptar hoy en día), al tener en cuenta lo cambiantes que eran entonces las cosas en Italia en aquella época, porque una ciudad dividida no podía defenderse de un enemigo hábil y poderoso, que lograría atraerse a una de las facciones y de esta manera hacerse dueño de la plaza.

Siguiendo esta misma política, los venecianos favorecieron a güelfos o gibelinos en las ciudades sometidas a su dominio, y sin permitir que llegaran a las manos, no dejaban de avivar el fuego de la discordia entre ellos para así distraerlos de la tentación de sublevarse. Es cierto que esta república no obtuvo el fruto que esperaba de semejante conducta, porque al ser derrotados sus ejércitos en Vaila, una de las facciones se propuso dominarla y lo logró.

De lo anterior se concluye que tal política es fruto de la debilidad y que, en consecuencia, un príncipe poderoso no aceptará tales divisiones, a no ser cuando le resulten útiles en tiempo de paz, puesto que ofrecen un medio eficaz para distraer a los súbditos de toda idea de rebelión, pero en tiempo de guerra ponen al descubierto la debilidad del Estado que las emplea. Al vencer obstáculos, los príncipes alcanzan la grandeza, y por eso la fortuna suele favorecer a algunos al principio de su carrera, creándoles enemigos y poniéndoles dificultades que aviven su fuego, para que ejerciten su valor y les sirvan a modo de escalones para llegar a alcanzar un gran poder. Es por esta razón que algunos piensan que **a un príncipe le conviene buscar enemigos que le obliguen a salir de una peligrosa inercia y le den ocasiones para ser admirado y querido por sus súbditos, tanto los leales como los rebeldes.**[119]

Los príncipes, y en especial los nuevos, a veces han sido servidos con más celo y fidelidad por aquellos súbditos en los que no tenían confianza al principio que por otros que, en su opinión, les eran por completo fieles.[120] Pandolfo Petrucci, príncipe de Sena, con gran ingenio, se servía más de los primeros que de los últimos; pero es difícil establecer reglas generales en un asunto que varía según sean las circunstancias. Solo advertiré que si los hombres a los que el príncipe miraba como enemigos en los primeros años de su reinado tienen necesidad de su apoyo y protección podrá ganárselos con facilidad, y aunque sean sus nuevos partidarios, le serán más fieles cuando más necesiten borrar por medio de sus servicios la opinión poco favorable que se habían ganado con su anterior conducta. Y, por el contrario, los que nunca se han opuesto a los intereses del príncipe, cuando llega el momento de emplearlos, suelen servirle con flojedad y descuido a causa de su seguridad.

Este asunto me ofrece la ocasión de hacer una advertencia importante a los príncipes nuevos: si han ascendido a la dignidad suprema gracias al apoyo del pueblo, deben indagar con atención la causa de tanta benevolencia, porque si

119. «Nunca desperdicies una crisis grave», páginas 105-107.

120. «La revolución de la confianza», páginas 225-227.

se debe más al odio al gobierno antiguo que al afecto que les inspira su persona, después les costará trabajo mantener el favor de sus súbditos por la dificultad de contentarlos. Algunos hombres, aunque aborrecieran el gobierno antiguo, vivían con él sin violencia, pero otros, de carácter inquieto y duro, no soportaban los abusos de la pasada administración. De estos últimos, aunque hayan ayudado a elevar a un príncipe nuevo, es más difícil ganarse la amistad que de los primeros. Basta tener un ligero conocimiento de la historia antigua y moderna para convencerse de esta verdad.

Los príncipes construyen fortalezas para mantenerse con más seguridad en los Estados amenazados por enemigos exteriores y para reprimir el primer ímpetu de una revolución interna.[121] Este método es muy antiguo y me parece adecuado, pero hemos visto en nuestra época de qué manera Nicolás Vitelli ordenó demoler dos fortalezas en la ciudad de Castello para mantenerse seguro en su Estado. Guido de Ubaldo, duque de Urbino, cuando recobró su castillo ducal, que le había arrebatado César Borgia, ordenó arrasar todas las fortalezas, al pensar que sin ellas podría mantenerse con más facilidad. Los Bentivoglio hicieron lo mismo en Bolonia cuando recuperaron el dominio de este Estado.

De lo anterior se infiere que las fortalezas son, según las circunstancias, útiles o inútiles, y si por un lado son beneficiosos por el otro son prejudiciales. El príncipe que teme

121. «El éxito siempre genera envidia», páginas 132-133.

más a sus súbditos que a los extranjeros debe fortificar sus ciudades, y no debe hacerlo en caso contrario. El castillo que Francesco Sforza ordenó construir en Milán ha causado y causará más daños a esta casa que todos los desórdenes que ha sufrido aquel ducado.

No existe mejor fortaleza que el afecto del pueblo,[122] porque un príncipe al que aborrecen sus súbditos debe contar con que el enemigo volará a apoyarles en cuanto los vea correr a las armas. No se sabe de fortalezas que hayan sido útiles a los príncipes de nuestra época, si exceptuamos a la condesa de Forli, viuda del conde Jerónimo, que gracias a este medio pudo esperar a recibir la ayuda que le envió el Estado de Milán y así recuperar el suyo, aunque también le favorecieron mucho las circunstancias, pues sus vasallos no pudieron ser socorridos por extranjeros. Pero cuando, tiempo después, esta condesa fue atacada por César Borgia, y el pueblo, al que ella había tenido como enemigo, se unió al extranjero, sus fortalezas le sirvieron de bien poco, y quedó claro que, más que tenerlas, hubiera sido mejor no ser aborrecida por sus súbditos.

De todo lo que se ha dicho se infiere que puede ser tan digno de elogio el que construye como el que no construye fortalezas, pero que siempre son censurables quienes, confiando en ellas, hicieron poco caso de que el pueblo los aborreciera.

122. «La mejor fortaleza es el afecto», páginas 67-68.

Capítulo XXI

Por qué medios consigue un príncipe hacerse querer

A Fernando V, que hoy es rey de España, se le puede considerar como un nuevo príncipe, porque de simple rey de un Estado pequeño se ha convertido en el primer rey de la cristiandad por su reputación y gloria. Si se examinan sus actos, se descubrirá en ellos una altura de carácter tan elevada que algunos parecen incluso desmesurados.[123]

Apenas ascendió al trono, este rey dirigió sus ejércitos contra el reino de Granada y esta guerra fue la base de su grandeza, pues ocupados los grandes de Castilla con las batallas, no prestaron atención a las novedades políticas y ni se dieron cuenta de cómo la autoridad del rey aumentaba cada día a su costa,[124] sosteniendo con los impuestos del pueblo y de la Iglesia los ejércitos que le permitieron alcanzar el alto grado de poder del que disfruta ahora.

Para emprender empresas incluso más brillantes, se envolvió hábilmente con la capa de la religión, y de una manera bárbara y cruel expulsó a los judíos de sus Estados. Un rasgo político realmente deplorable y sin precedente.

Con el mismo disfraz, Fernando invadió África, Italia y Francia, alimentando siempre los proyectos más ambiciosos y al mismo tiempo más adecuados para mantener la

123. «El ejemplo es (casi) lo único que enseña», páginas 36-38.

124. «Maniobras de distracción», páginas 155-156.

atención de sus súbditos en los éxitos de su reino. Así es como este príncipe ha conseguido disipar las tormentas que se formaban contra él, y después le hemos visto alcanzar sus objetivos sin encontrar obstáculos por parte de sus súbditos.

A veces también es útil decretar castigos ejemplares y conceder extraordinarias recompensas, porque esto causa mucho ruido y produce una gran impresión en el ánimo de todos. Bernabé Visconti, señor de Milán, es un buen ejemplo de esto, porque **los que gobiernan deben parecer grandes en todos sus actos y evitar mostrar cualquier indicio de debilidad o de incertidumbre en sus decisiones.**[125] **El príncipe que no sepa portarse como un amigo o enemigo decidido solo logrará ganarse la estimación de sus súbditos con mucha dificultad.**[126]

Si dos potencias vecinas están en guerra, debe manifestarse a favor de una de ellas, para no convertirse en presa del vencedor, sin ningún recurso a su alcance y provocando la alegría del propio derrotado por su ruina. Porque **el vencedor no podrá mirar con buenos ojos a un aliado dudoso que le abandonaría al primer revés de la fortuna,**[127] y el vencido nunca le perdonará que haya sido el tranquilo espectador de su derrota.

Cuando Antíoco entró en Grecia llamado por los etolios para expulsar a los romanos, envió a los aqueos, aliados de

125. «Las cuatro "ces" del líder», páginas 34-35.

126. «La peligrosa indefinición», páginas 127-128.

127. «Lo efímero de las alianzas», páginas 126-127.

estos últimos, un embajador con la intención de convencerlos para que se mantuvieran neutrales, al mismo tiempo que los romanos los apremiaban para que tomaran las armas a su favor. Reunidos los aqueos en consejo para deliberar sobre este asunto, el enviado de los romanos tomó la palabra después del de Antíoco y les dijo: «Os engañan cuando os aconsejan que no toméis parte en la guerra que sostenemos. Como si fuera la decisión más prudente que podéis tomar para conservar vuestros Estados; por el contrario, yo pienso que no podríais adoptar otro peor, pero si os mantenéis neutrales, quedaréis de manera infalible a merced del vencedor, sea quien sea, y asumiréis dos riesgos por uno».

Considera que no es tu aliado quien te pide la neutralidad y que sí lo es o puede serlo el que te anima a tomar las armas para ayudarlo.[128] Los príncipes indecisos que solo se preocupan por salir del apuro adoptan el partido de la neutralidad, que casi siempre los conduce a la ruina.

Cuando un príncipe se declara con franqueza a favor de una de las potencias beligerantes, si triunfa aquella con la que se ha aliado, aunque después él quede a su merced y que potencia sea muy poderosa, no deberá temerla, porque le habrá quedado agradecida y habrá formado con ella vínculos estrechos de amistad. No son los hombres tan imprudentes que den a menudo muestra de una ingratitud semejante a la que sería oprimirte en circunstancias como esas. Además de que **nunca son las victorias tan prósperas y perfectas que permitan al vencedor**

128. «La trampa de la neutralidad», páginas 128-129.

faltar impunemente al respeto a sus aliados, y al respeto que siempre se debe a la justicia.[129] Si, por el contrario, resultase vencido aquel por quien te has pronunciado, no podrá olvidar el favor que le hiciste, y si algún día su fortuna llegase a mejorar, podrás contar a tu vez con su auxilio, pues se habrá hecho en cierto modo compañero de fortuna.

En el otro caso, es decir, si las potencias en guerra no pueden inspirarte temor sea quien sea la que venza, la prudencia también aconseja que tomes partido, pues de este modo contribuirás a la ruina de un príncipe con la ayuda de otro (que si hubiera sido más sensato lo habría salvado). Como será imposible que aquella no triunfe con tu ayuda, su victoria también la dejará a tu merced.

Obsérvese que, **si un príncipe acomete a otros, debe huir de cualquier alianza con quien sea más poderoso que él, si la necesidad no le fuerza a ello,**[130] como he dicho más arriba: porque si este vence, en cierto modo quedarás sometido a su poder, situación que debe evitar todo el que aprecie su independencia. De este modo se perdieron los venecianos, por haberse aliado sin necesidad con Francia contra el duque de Milán. Los florentinos no son tan criticables por haber abrazado el bando del Papa y del rey de España, después de que las tropas de estos marcharan contra Lombardía, porque obedecían a la dura ley de la necesidad, como ya he demostrado antes. Por último, **no hay un**

129. «El éxito nunca es definitivo», páginas 129-131.

130. «No todas las alianzas son buenas», página 131.

partido por entero seguro y muchas veces tan solo se evita un peligro para caer en otro mayor. La prudencia humana tan solo sirve para elegir el menos malo de los males conocidos.[131]

Los príncipes tienen que honrar mucho al talento y proteger las artes, en especial el comercio y la agricultura. Conviene sobre todo inspirar seguridad a los labradores contra la opinión que suelen tener de que serán oprimidos con tributos y privados de sus tierras después de que las hayan mejorado con un buen cultivo. Por último, **el príncipe no se olvidará de ofrecer al pueblo fiestas y espectáculos**[132] en ciertos momentos del año, no dejará de honrar con su presencia las juntas de los diferentes gremios de los oficios, **desplegando en todas estas ocasiones la magnificencia del trono y dando muestras de bondad, sin comprometer la dignidad del rango al que se ha elevado.**[133]

Capítulo XXII

De los ministros

La elección de los ministros es uno de los asuntos más importantes, y que sean buenos o no depende de la prudencia del príncipe. **La reputación de un príncipe depende mu-**

131. «Elegir lo menos malo para no caer en lo peor» página 148.

132. «¿Sano entretenimiento o distracción intencionada?», pp. 107-8.

133. «Dignidad humanizada», página 227.

chas veces de las personas que lo rodean[134]. Cuando los ministros son capaces y leales, se puede considerar sabio al príncipe, porque ha sabido reconocer sus méritos y mantenerlos leales, pero si no lo son, el juicio acerca del príncipe será negativo, porque ha cometido un error al elegirlos. Todos los que conocían al señor Antonio de Venafro no podían menos que considerar como un hombre de mérito a Pandolfo Pretucci, príncipe de Siena, por haber elegido a un hombre tan hábil para administrar sus Estados.

Existen tres clases de talento: los primeros saben descubrir lo que necesitan saber; otros distinguen con facilidad el bien que se les propone y, en fin, los hay que no comprenden por sí mismos ni por medio de otros[135]. Los primeros son sobresalientes; los segundos, buenos, y los terceros, absolutamente inútiles. Pandolfo por lo menos pertenecía a la segunda clase, porque el príncipe que sabe distinguir lo útil de lo perjudicial, aunque no sea un hombre de gran ingenio, puede juzgar la conducta de sus ministros y aprobarla o rechazarla con discernimiento, por lo que al darse cuenta de que no pueden engañarlo, le servirán con fidelidad.

Pero ¿qué métodos existen para conocer a los ministros? He aquí uno infalible, que consiste en observar si se preocupan más de sus propios intereses que de los del Estado. Un ministro debe dedicarse por entero a los asuntos públicos y no distraer jamás al príncipe con sus asuntos privados.

134. «Dime con quién andas y te diré si eres un buen líder», pp. 40-41.

135. «Las tres clases de talento», páginas 228-229.

Al príncipe le corresponde preocuparse de los intereses del ministro, que, podríamos decir, debe olvidarse de sí mismo, y hacerlo rico y colmarlo de bienes. De este modo conseguirá que no piense en buscar más riquezas y dignidades. Sobre todo, debe hacer que tema y se aleje de cualquier cambio perjudicial o funesto para el soberano, su amo. Este es el único medio para establecer entre el príncipe y sus ministros una confianza provechosa y, al mismo tiempo, noble y honrosa.

Capítulo XXIII

Cómo se debe huir de los aduladores

No puedo menos que hablar de la adulación que reina en todas las cortes, un vicio contra el que los príncipes siempre deben mantenerse alerta y del que no se librarán si no se valen de la prudencia y mucha habilidad. **Los hombres tienen tanto amor propio y tan buena opinión de sí mismos, que es muy difícil protegerse del contagio de los aduladores**[136]. Además, al intentar evitar la adulación se corre el peligro de ser despreciado. La mejor estrategia que podrían adoptar los príncipes para librarse de los aduladores sería declarar que no les ofende la verdad. Pero si cualquiera pudiera decirle lo que quisiera, ¿en qué situación quedaría entonces el respeto debido a la majestad del sobe-

136. «No confundas el aprecio con la adulación», páginas 73-74.

rano? El príncipe prudente debe mantenerse en un justo medio: escoger a hombres sabios como consejeros y solo permitirles a ellos que le digan la verdad, pero solo sobre las cosas que él les consulte, y nada más. Y debería preguntarles y escuchar su opinión en todo lo que le afecte, pero luego guiarse por lo que le dicte su propia opinión, comportándose de tal modo que queden convencidos de que con cuanta mayor libertad se le habla tanto más se le agrada. En cuanto a los otros, el príncipe no debe escucharlos, sino que debe seguir sin dudar el camino que él mismo se ha propuesto, sin apartarse de él.

Un príncipe que cambia de comportamiento al escuchar a los aduladores muestra una conducta dudosa y variable que le priva de todo su crédito. Voy a mencionar en apoyo de esta conclusión un ejemplo actual. El clérigo Luca dice del emperador Maximiliano, su señor, que «no es aconsejado por nadie y, sin embargo, jamás actúa siguiendo su propio dictamen». Eso es seguir un camino completamente opuesto al que acabo de indicar. Como Su Majestad Imperial es un gobernante muy misterioso, que no informa a nadie de sus proyectos hasta el instante mismo en que los lleva a cabo, sucede que, apretado por el tiempo, por las objeciones que le ponen sus ministros y por las dificultades imprevistas que descubre, se ve obligado a ceder a la opinión de los demás y modificar todo lo que había planeado. El resultado es que lo que hizo ayer lo deshace hoy, y que nadie entiende nunca qué planes tiene ni confía en sus decisiones.

Siempre le conviene al príncipe buscar consejo, pero lo debe hacer cuando a él le convenga, y no cuando lo

quieran sus súbditos[137]. Debe procurar, por el contrario, que nadie se entrometa dándole consejos sin que él se los pida, aunque conviene que él los pida a menudo; que escuche con atención lo que le digan y que se manifieste descontento si advierte que los que le rodean titubean al decirle todo lo necesario.

Es un grave error pensar que un príncipe será menos estimado si se deja aconsejar por otros, ya que entonces se le considera incapaz de conocer las cosas por sí mismo, porque si está falto de luces nunca conseguirá aconsejarse bien, a menos que tenga la rara felicidad de encontrar a un ministro hábil y honrado[138] en quien pueda descargar todo el peso y las preocupaciones del gobierno; pero entonces correrá el riesgo de verse privado de sus Estados por aquel al que ha confiado toda la autoridad. Para prevenir este peligro, el príncipe que no sea sabio pedirá el consejo de muchos y no sabrá conciliar todas esas opiniones. Y sus ministros se preocuparán más de su propio interés que del interés del Estado, porque los hombres son malos y no se inclinan al bien si no se ven obligados a ello por la fuerza. En consecuencia, conviene que se atribuya siempre a la sabiduría del príncipe los buenos consejos, y no a los consejeros.

137. «No todo consejo es bien recibido», páginas 156-158.

138. «La inteligencia en la sombra», páginas 158-159.

Capítulo XXIV

Por qué los príncipes de Italia han perdido sus Estados

Aunque sea nuevo, un príncipe se mantendrá en sus Estados con tanta facilidad como aquel que reine por título de herencia siempre que se comporte siguiendo las máximas que acabo de explicar. Su situación será preferible en ciertos aspectos a la de un príncipe hereditario, porque si gobierna con acierto y sabiduría, este mérito suyo le hará ganar el afecto y la estimación del pueblo, mejor incluso que la legitimidad de un título heredado. Como, por otra parte, también es cierto que los hombres miran más a lo presente que a lo pasado y no piensan en cambiar cuando se encuentran bien, un príncipe que cumple sus deberes nunca temerá que le falten defensores. En vez de que lo novedoso de su suerte sea un motivo para disminuir la admiración, su gloria será mayor en proporción a la habilidad con la que haya superado todos los obstáculos a los que ha tenido que enfrentarse, y mientras su reino adquiera más prestigio gracias a las leyes que establezca, por la creación de un ejército respetado, por los eficaces aliados que haya conseguido y por las empresas gloriosas que haya realizado con éxito. Y, por el contrario, se envilece y degrada quien por su incapacidad y errores pierde los Estados que ha heredado de sus antepasados.

Si se examina la conducta del rey de Nápoles, la del duque de Milán y la de otros que en nuestros días han perdido sus dominios, se advertirá que todos han cometido un grave error, pues no se han preocupado de crear un ejército nacional y además no han logrado ganarse el afecto del pueblo; o bien, si lo tenían, no han conseguido el favor de los grandes. Porque, si no se cometen estos errores, un Estado capaz de poner en campaña un ejército numeroso no se puede perder. Filipo de Macedonia, no el padre de Alejandro sino el que fue derrotado por Tito Quinto, poseía un Estado pequeño comparado con los de Grecia o Roma, contra los que tuvo que defenderse al mismo tiempo. Sin embargo, consiguió resistir a estas dos potencias y apenas perdió algunas ciudades en todos los años que duró la guerra. Ahora bien, este príncipe era un guerrero excelente, que además sabía satisfacer a los grandes y hacerse amar por el pueblo.

En consecuencia, nuestros príncipes de Italia no deben echar la culpa a la fortuna por haber perdido sus Estados, sino a su cobardía y a su falta de previsión. Creían tan difícil que se produjeran tales trastornos (cosa que les sucede a los gobiernos que han gozado de paz durante algún tiempo), que cuando vieron aproximarse al enemigo huyeron en vez de defenderse, esperando que el pueblo, al cansarse pronto de la insolencia del enemigo, los llamara de nuevo.

Cuando no hay otra posibilidad, no es tan malo huir, pero considero que es una vergüenza rechazar los medios dignos para evitar la ruina, dejándonos vencer con la esperanza de que otro nos levantará; esperanza que, aunque tenga algún fundamento, es arriesgada, porque quien confía en la ayuda extranjera debe temer que el vencedor se convierta en su dueño. **El príncipe debe buscar recursos en sí mismo y en su valor contra la fortuna.**[139]

Capítulo XXV

¿Qué influencia tiene la suerte en las cosas de este mundo y de qué modo se le puede hacer frente si es adversa?

No ignoro que son muchos los que han creído y todavía creen que las cosas de este mundo están sometidas de tal manera a Dios y a la fortuna que la prudencia humana no tiene ningún poder contra los acontecimientos, y que es inútil preocuparse por lo que sucederá en ciertas ocasiones o tratar de evitarlo o impedirlo.

Los cambios de los que hemos sido y somos todavía testigos parecen demostrar una conclusión semejante, que a veces incluso a mí mismo me cuesta mucho esfuerzo rechazar, al considerar cuantos acontecimientos han tenido lugar más allá de lo que podíamos imaginar. Sin embargo, puesto que tenemos libre albedrío, pienso, y es obligado hacerlo así, que **la fortuna no gobierna el mundo de tal modo que la prudencia humana no pueda influir en gran manera en los sucesos que vemos.**[140]

Yo compararía el poder ciego de la fortuna con un río violento, que cuando se sale del cauce inunda los campos,

139. «Meditación budista para la guerra», páginas 229-231.

140. «Cuanto más entreno, más suerte tengo», páginas 168-169.

arranca de cuajo los árboles, derriba y arrastra los edificios, desplaza las tierras de un lugar a otro y nadie se atreve ni puede oponerse a su furor. Pero todo ello no impide que cuando el río vuelve a su cauce se construyan diques y calzadas para prevenir nuevas inundaciones y desastres. Lo mismo sucede con la fortuna, que ejerce su poder si no se le opone alguna barrera.

Al mirar Italia, teatro de continuas convulsiones que ella misma ha provocado, se descubre que es un país que carece de dique de defensa. Si se hubiera preparado para resistir a sus enemigos, imitando a España, Francia y Alemania, la irrupción de los extranjeros habría sido menos considerable y desastrosa, o ni siquiera hubiera sido invadida.

No diré más acerca de los medios que de una manera general sirven para evitar la mala fortuna. Pero si me limito a ciertos aspectos particulares, debo señalar que todavía hoy en día nos es infrecuente ver a príncipes que han caído en la desgracia desde una situación de prosperidad, sin que ello pueda atribuirse a algún cambio en su conducta o en su carácter. Ello se debe, en mi opinión, a las razones que he tratado antes de manera extensa: que **los príncipes que confían demasiado en la fortuna se arruinan cuando ella los abandona.**[141] **Los que adaptan su conducta a sus circunstancias rara vez son desgraciados, porque la fortuna cambia solamente para los que no saben adaptarse a los tiempos.**[142] Una prueba de ello es la variedad de caminos que toman los

141. *Ibid.*

142. «Hay que adaptarse a las circunstancias», páginas 220-221.

que corren tras la gloria y las riquezas: el **uno se dirige hacia su objetivo de cualquier manera y a la buena ventura; el otro, con inteligencia y cálculo; este usa la astucia y aquel la fuerza; uno tiene paciencia, el otro es impaciente. Y sin embargo vemos a muchos conseguir lo que desean por medios muy diferentes y opuestos.**[143] Y a veces, de dos que siguen la misma senda, uno llega a su destino y el otro se extravía. La diferencia en cada caso se explica por la oportunidad del momento, que favorece uno u otro curso de acción.

Las circunstancias también dictaminan si en tal o cual ocasión un príncipe ha actuado bien o mal. Hay momentos en los que es necesario emplear la máxima prudencia, y otros en los que el príncipe puede o debe dejar alguna cosa al azar, pero nada es tan difícil como cambiar de intención y al mismo tiempo de conducta y de carácter, ya se deba a que uno no sabe renunciar a sus costumbres y preferencias o porque se abandona con dificultad un camino que siempre nos había favorecido.

Julio II, que tenía un genio impetuoso, triunfó felizmente en todas sus empresas, sin duda porque las circunstancias en que este pontífice gobernó la Iglesia precisaban de un jefe con un carácter como el suyo. Todavía se recuerda su primera invasión del territorio de Bolonia, cuando todavía vivía Juan Bentivoglio, que provocó la envidia de los venecianos, de España y de Francia, aunque no se atrevieron a molestarlo ni unos ni otros. Los primeros, porque no creían tener suficientes fuerzas para enfrentarse a un pontífice de semejante

143. «Hay tantos métodos como personas», página 231.

carácter; España, porque quería recobrar el reino de Nápoles, y Francia, porque, además del interés que tenía en complacer a Julio II, también quería humillar a los venecianos, por lo que no dudó en prestar al Papa la ayuda que le solicitó.

De este modo, Julio II salió indemne de una empresa en la que hubieran sido poco eficaces la prudencia y la circunspección, pues sin duda esa empresa no habría tenido éxito si hubiera dado tiempo a España y a los venecianos para reaccionar y a Francia para que la entorpeciera con excusas y dilaciones.

Julio II mostró en todas sus empresas los mismos rasgos violentos, que quedaron por completo justificados por su éxito, pero tal vez no vivió lo suficiente para advertir la inconstancia de la fortuna, porque si hubiera llegado el tiempo de emplear la prudencia y la circunspección, habría encontrado su perdición de manera inevitable por culpa de la inflexibilidad de su carácter, y de la impetuosidad que en él eran tan naturales.

De todo lo anterior es preciso concluir que **los que no saben cambiar de método cuando los tiempos lo requieren sin duda prosperan cuando la fortuna los acompaña, pero se pierden cuando esta cambia, al no saber seguirla en sus frecuentes variaciones.**[144]

Por último, opino que **conviene más ser atrevido que en exceso prudente,**[145] porque la fortuna es de un sexo que tan solo cede a la violencia, que rechaza siempre a los co-

144. «Adaptarse para vencer a la suerte», páginas 167-168.

145. «La impetuosidad inteligente», páginas 169-170.

bardes y que suele declararse a los jóvenes, porque ellos son más emprendedores y atrevidos.

Capítulo XXVI

Exhortación para liberar a Italia del yugo de los extranjeros

Cuando reviso las materias que contiene este libro y me detengo a examinar si las circunstancias en las que nos hallamos serán o no favorables para establecer un gobierno nuevo, que fuese tan beneficioso para Italia como glorioso a su autor, me parece que no ha habido ni habrá tiempo más oportuno para ejecutar una empresa tan gloriosa.

Si fue preciso que el pueblo de Israel estuviera esclavizado en Egipto para que apreciara las raras virtudes de Moisés; que los persas sufriesen la opresión de los medos para reconocer el valor y la magnanimidad de Ciro; en fin, si los atenienses no hubieran percibido con tanta claridad lo que les ofrecía Teseo de no haber experimentado antes los males de una vida errante y vagabunda, del mismo modo ha sido necesario que nuestro país fuera maltratado con más crueldad que Persia para apreciar el mérito y el talento de un libertador de Italia; o que sus habitantes hayan estado más dispersos que los atenienses, y en fin, que hayan vivido sin leyes y sin jefes, saqueados, destrozados y esclavizados por los extranjeros.

En alguna ocasión, es cierto, han aparecido varones de cualidades tan singulares que pudiera haberse creído que los enviaba Dios para libertarnos, pero parece como si la fortuna se hubiera empeñado en abandonarlos en mitad de su carrera, de tal manera que nuestra desgraciada patria todavía se lamenta exhausta y se consume esperando algún redentor que ponga fin a la devastación y constante saqueo de Lombardía, Toscana y el reino de Nápoles, y pidiendo al Cielo que alce a algún príncipe poderoso para liberarla del pesado y aborrecible yugo de los extranjeros, para cicatrizar las profundas heridas que tiene abiertas desde hace tanto tiempo, y para conducirla bajo sus estandartes a una victoria definitiva contra tan crueles opresores.

Pero ¿en quién podría Italia poner los ojos sino en vuestra ilustre casa, que además de hallarse de manera evidente favorecida por el Cielo y encargada hoy en día del gobierno de la Iglesia, posee además la sabiduría y el poder para llevar a cabo una empresa tan noble? No creo que se os presenten obstáculos invencibles en la ejecución de este proyecto si consideráis que los grandes príncipes que os pueden servir de ejemplo no eran otra cosa que hombres poderosos como vos, aunque sus méritos los hayan elevado sobre los demás de su clase. Porque lo cierto es que ninguno de ellos se encontró en una situación tan favorable como la vuestra. Y debo añadir que, al estar la justicia de vuestro lado, la causa ajena no puede ser más legítima ni Dios estar con ellos más que con vos. Toda guerra es justa si es necesaria, y es humano tomar las armas para defender a un pueblo cuando ellas son el único y último recurso.[146] Todas las circunstancias concurren para facilitar la ejecución

146. En latín en el original: *Iustum enim est bellum quibus necessarium et pia arma ubi nulla nisi in armis spes est.*

de un designio tan noble, y para llevarlo a buen término basta con seguir las huellas que dejaron los hombres ilustres que os he dado a conocer en el transcurso de esta obra. ¿Acaso es necesario que hable del Cielo? Pues ya ha manifestado su voluntad mediante prodigiosas señales. Se ha visto al mar abrirse y dejar paso entre sus abismos, a una nube indicar el camino que se debe seguir, brotar agua de una roca y caer maná del cielo. Todo lo demás debemos hacerlo nosotros, puesto que Dios nos ha dotado de inteligencia y voluntad para alcanzar la parte de gloria que nos está reservada.

Si ninguno de nuestros príncipes ha logrado hacer hasta ahora lo que se espera de vuestra ilustre casa, y si Italia ha sido siempre desgraciada en sus guerras, ello se debe a que no ha sabido reformar sus instituciones militares y abandonar la antigua manera de combatir para adoptar otra más acorde con los tiempos actuales.

Nada honra más a un príncipe nuevo ni influye tanto en proporcionarle la admiración y el respeto de sus súbditos como que establezca nuevas instituciones y leyes, si estas son beneficiosas y las acompaña un carácter de grandeza. Italia se encuentra sin duda dispuesta para adoptar nuevos métodos. A sus habitantes no les falta valor, les faltan buenos jefes. Prueba de esto es que los italianos son muy diestros en los desafíos y en otras contiendas personales, mientras que en las batallas su coraje parece casi apagado. Un fenómeno tan extraño no puede atribuirse a otra cosa que a la incapacidad y la debilidad de los oficiales, que no saben hacerse obedecer por quienes conocen el oficio de la guerra, y así descubrimos que las órdenes de nuestros príncipes jamás se han ejecutado con rapidez y precisión. Es por eso que los ejércitos alzados en Italia para las guerras de los últimos veinte años casi siempre han sido derrotados. Basta con acordarse de las guerras de Taro, Alejandría, Capua, Génova, Vaila, Bolonia y Mestre.

Si vuestra ilustre casa se propone imitar a aquellos antepasados nuestros que libertaron a su país del dominio de los extranjeros, ante todo debe crear un ejército nacional, que es el único bueno y en cuya fidelidad se puede confiar, porque hay que advertir que, aunque cada soldado sea bueno, serán todavía mejores todos juntos, al ver que el príncipe los conduce por sí mismo al combate, los honra y los recompensa.

De lo anterior se sigue que es indispensable tener tropas nacidas en el propio país, si no se quiere que sea invadido por los extranjeros. La infantería española y la suiza son muy notables, pero no carecen de defectos, que podemos evitar al crear la nuestra, para hacerla superior a aquellas. Los españoles no son capaces de resistir el choque de los escuadrones, ni los suizos mantenerse frente a una infantería tan valiente y tenaz como la suya, sin darle la espalda. En efecto, se ha visto y se verá durante mucho tiempo que las tropas de infantería española no pueden resistir el choque de la caballería francesa, y que la infantería suiza puede arrollar a la española. Si se duda de esta última afirmación, recordaré la batalla de Rávena, en la que la infantería española peleó contra las tropas alemanas, que guardan el mismo orden en el combate que los suizos. Tras arrojarse los españoles con el ímpetu con que acostumbran y protegidos con sus broqueles en medio de las picas de los alemanes, estos tuvieron que retirarse, y hubieran sido derrotados por completo si no hubiera caído sobre los españoles la caballería.

Se trata, pues, de crear un ejército que no tenga los defectos de la infantería suiza ni los de la española, y que pueda sostenerse frente a la caballería francesa: nada hay mejor para que un príncipe nuevo ilumine su reino y adquiera una gran reputación.

La ocasión que se presenta es demasiado excelente como para dejarla escapar y ya ha llegado el momento de que Italia vea rotas sus cadenas. ¿Con qué muestras de alegría y admiración no recibirían a su libertador estas desgraciadas provincias que gimen desde hace tanto tiempo bajo el yugo de una dominación odiosa? ¿Qué ciudad le cerraría sus puertas o qué pueblo sería tan ciego que rechazara obedecerle? ¿A qué rivales debería tener? ¿Habría un solo italiano que no corriera a rendirle homenaje? Todos se encuentran ya cansados de la dominación de estos bárbaros. Que se digne vuestra ilustre casa, fortalecida con todas las esperanzas que la justicia concede a nuestra causa de formar una empresa tan noble, para que nuestra nación recobre bajo vuestras banderas su antiguo brillo y sea tal que pueda cantar con los mejores auspicios aquellos versos de Petrarca:

Virtù contro a furore	La virtud contra el furor
prenderà l'armi, e fia el	tomará las armas, y el
combatter corto,	combate será corto
ché l'antico valore	Porque el antiguo valor
nelli italici cor non	aún no ha muerto en el
è ancor morto.	corazón de los italianos.

Índice completo

Queremos compartir más momentos contigo.

Únete a la comunidad de PenguinLibros

y encuentra tu siguiente lectura.